课本
来不及
告诉你的
古代史

到宋朝

打卡
生活

徐德亮

主编

——————————

朱真　著

中国纺织出版社有限公司

内 容 提 要

《到宋朝打卡生活》是"课本来不及告诉你的古代史"丛书之一，以轻松活泼的叙述方式，描述了宋朝时期的民间社会生活百态。全书生动地展现宋朝人的日常饮食、防暑保暖、交通、住房、职业、旅游、文体活动，等等，像是一幅文字版的"清明上河图"。宋朝民间的生活到底是什么样的，有哪些特殊的风俗习惯，现代人对宋朝人生活的好奇，将在书中——得到解答。同时，书中配有多幅精美的插图，生动再现宋朝人的日常生活面貌。

"课本来不及告诉你的古代史"丛书，囊括了中国历史上各个时期的百姓日常生活史，由历史学领域的资深写作者执笔，以正史为蓝底，以幽默生趣、易于阅读的讲史方式，还原各个朝代的不同社会风貌，生动呈现中国古代百姓生活的变迁和传承。

图书在版编目（CIP）数据

到宋朝打卡生活 / 朱真著. --北京：中国纺织出版社有限公司，2021.7

（课本来不及告诉你的古代史 / 徐德亮主编）

ISBN 978-7-5180-8584-2

Ⅰ.①到… Ⅱ.①朱… Ⅲ.①中国历史 – 宋代–通俗读物 Ⅳ.①K244.09

中国版本图书馆CIP数据核字（2021）第098238号

策划编辑：李满意　胡　明　　责任编辑：张　强
责任校对：王蕙莹　　　　　　　责任印制：王艳丽

中国纺织出版社有限公司出版发行

地址：北京市朝阳区百子湾东里A407号楼　邮政编码：100124

销售电话：010 – 67004422　传真：010 – 87155801

http://www.c-textilep.com

中国纺织出版社天猫旗舰店

官方微博http://weibo.com/2119887771

北京华联印刷有限公司印刷　各地新华书店经销

2021年7月第1版第1次印刷

开本：880mm×1230mm　1 / 32　印张：8.5

字数：129千字　定价：68.00元

凡购本书，如有缺页、倒页、脱页，由本社图书营销中心调换

序 言

繁华梦断两桥空，唯有悠悠汴水东

徐徐展开的《清明上河图》长卷，带我们回到了一千年前，那个无比炫目美好的宋都汴京。有诗说"宋家汴都全盛时，万方玉帛梯航随""车毂人扇因击磨，珠帘十里沸笙歌"。那时的汴京，正是大宋繁荣富庶的代表。

在《清明上河图》中，我们看到的是汴京城中官府衙门、买卖店铺、民宅住院百肆杂陈，幔翻的招牌让人目不暇接；南丝蜀锦、沉檀香料、酒肆茶馆、看相算命、勾栏杂技各式商品服务应有尽有，三教九流、五胡百族汇聚一堂，行人们摩肩接踵，络绎不绝……想来，那时全世界最美好的景象也不过如此，而在当时的大宋朝，如此景象又何止汴京一处？

有人说，宋朝是中国历史上最窝囊的王朝。朝廷奸佞当道，皇帝不辨忠奸，外有扰境之患，内有朝野之争，就徽钦两位皇帝都被敌国掳去，给大宋历史留下屈辱的一笔。南宋更是偏安一隅，不思进取，放弃了恢复大宋统一的机会。

　　但也有人说，宋朝是中国历史上最辉煌的王朝，有宋一朝兵戈不兴，政不扰民，朝廷厚待士人，重视商业，使得城市文化繁荣，商品经济异常发达，百姓更是安居乐业，一个宋朝汴京看城门的兵士，生活质量都要高过同时期欧洲的中产者。

　　一千个人眼中，就有一千个大宋的风貌，因为宋朝本是一个极难用词语简单概括的朝代。在这个朝代里，百姓们经历过极度富足的时光，人们能吃饱穿暖，文人雅士层出不穷，他们对酒当歌，无限优容，也因此诞生了无数才子佳人的传奇故事。同样是这个宋朝，皇族只知吟风弄月，却不顾军事力量和外交力量长期处于孱弱被动局面，即便偶有变法改革，最终也都沦为政治家的博弈……

　　但无论是叹息也好，追思也罢，三百二十年雨打风吹去，转眼大宋王朝消逝，留给后人的是绚丽缤纷的历史文化，供后人来参详、研究。

　　而在本书中，我们所做的就是扫遍故纸堆，从一段段文字记载、一张张宋代古卷中，摘取有趣的片断，还原出宋朝人的日常生活场景，带大家在脑海里重建那个繁华而复杂的时代。

　　翻看本书，你会看到宋朝人会遍身罗绮，穿金戴银；也会刷牙、化妆、喷香水；你会看到宋朝人已经能吃上一日三餐，能喝上畅爽冷饮，也能点外卖、逛小吃街；你会看到宋朝皇家有花园，老百姓有"星巴克"，工作乏累后，还能来个按摩、桑拿一条龙；你会看到宋朝人出门能住酒店，甚至还能叫"滴滴"……

　　"繁华梦断两桥空，唯有悠悠汴水东。谁识当年图画日，万家帘幕翠烟中。"希望本书能带你走进千年前的那幅梦幻画卷，感受那个朝代的万家灯火、百姓忧乐。

朱　真

2021年6月

仇英摹萧照　《中兴瑞应图》（局部）

目　录

第一章　衣

没有古驰、阿玛尼，宋朝名媛穿什么 / 002

漫身"黄金甲"，大宋土豪也很土 / 006

宋代名媛戴帽子，争奇斗艳不输香奈儿 / 011

女子假发两尺长，是怎么梳头的 / 015

化最简单的妆，做最精致的大宋女子 / 019

臭美遭罪，宋代男人体香真是熏出来的 / 023

"网红香水"，大宋女子最爱哪一款 / 027

没有蛀牙，选大宋中草药牙膏 / 031

第二章　食

我们的一日三餐，其实是大宋百姓争取来的 / 038

炎炎夏日，来一杯"大宋牌"冷饮 / 042

别意外，《清明上河图》中惊现"外卖小哥" / 046

大宋星级酒店，餐具比西餐更讲究 / 050

大宋"地摊经济"，物美价廉说的就是它 / 054

东坡肉难道只是白水煮肉 / 058

大宋诗人不仅写诗，还是美食"带货主播" / 062

第三章　住

房产中介成大爷，买房卖房要看他们脸色 / 068

宋末"艺术迪士尼"，徽宗的亡国花园 / 072

大宋商贸中心在寺庙，居然还卖酒肉 / 077

大宋"星巴克"里都有些什么 / 081

大宋"青年旅社"，穷游者落脚在寺庙 / 084

按摩、桑拿一条龙，大宋的洗浴中心 / 087

第四章　行

繁华也拥挤，北宋治堵看运气 / 094

有便宜谁不占？宋人也用消费券 / 098

打卡网红旅游景点，宋人也爱写游记 / 102

没有镖局的时代，远行靠商队 / 107

没有出租车，但有"出租马" / 111

大宋旅游热，逛皇家园林，体验"农家乐" / 114

出门在外，没钱去"脚店"，有钱去"正店" / 119

早市与夜市，繁华的大宋市民生活 / 122

目 录

第五章　工

包拯年薪数百万，有前途的大宋文职 / 128

大宋"报社编辑"比不过小报"狗仔队" / 132

工资优厚、专享特权的大宋消防员 / 136

大宋技术工人，一技在手，吃喝不愁 / 139

大宋演艺圈，女子撑起半边天 / 143

"全民皆商"，赚钱才是王道 / 147

大宋天价厨娘，厨艺佳、架子大 / 151

酒托和饭托，社会底层的致富门道 / 156

第六章　学

读书人最幸福，人手一块免死金牌 / 162

大宋最高学府还包做官 / 166

大宋"私立学校"，包吃包住还包教会 / 171

文人社团，大宋文人"打群架" / 175

武人社团，想做什么都能找到同路人 / 179

文人不比富，读书人的简约美学 / 183

第七章 礼

宋人爱过节，想尽一切办法带薪放假 / 190

跪着分餐不如坐着合餐 / 194

十四岁才能当新娘，大宋拒绝"娃娃亲" / 197

大宋婚嫁必备：父母之命，媒妁之言 / 201

大宋婚姻保护法，离婚女方可以要回所有嫁妆 / 206

火葬武大郎，是习俗还是毁尸灭迹 / 210

敬老扶弱，宋朝不只有福利公墓 / 215

第八章 乐

雅集，大宋士大夫玩"轰趴" / 222

喝茶也要"拉花"，大宋点茶文化 / 227

勾栏瓦舍，带你逛一逛大宋"夜店" / 232

钉鞋？气泵？宋朝人都发明了哪些足球用品 / 236

大宋高尔夫，轻松自在又消闲 / 241

撸猫养狗？宋代人的爱宠可不止这些 / 245

附录1　宋朝纪元表 / 250

附录2　宋朝科技文化成就一览 / 253

后记 / 257

第一章　衣

没有古驰、阿玛尼，
宋朝名媛穿什么

　　看多了为一件衣服、一个包争奇斗艳的现代名媛，让我们不禁遐想，在一千年前的宋代，富贵人家乃至整个上层社会的女孩子，都流行什么样的服饰呢？

　　"昨日入城市，归来泪满巾。遍身罗绮者，不是养蚕人。"在宋代诗人张俞笔下，养蚕的妇人来到都城之中售卖蚕丝，看到全身穿着美丽罗绮织物的贵妇人，不禁感叹起自己的命运，像她这样的养蚕人是穿不起罗绮的。

　　就像今天的名媛动辄一身考究的名牌服饰一样，养蚕妇人所看到的这种"遍身罗绮"的景象，在当时北宋都城开封并不罕见，毕竟当时的开封就如同今天的北上广，是名流名媛麋集之处。

　　北宋词人柳永在《望海潮·东南形胜》中以"市列珠玑，户盈罗绮，竞豪奢"来形容当时经济的繁华。大意是形容市场上陈列着琳琅满目的珠玉宝器，每家商户都存满了绫罗绸缎，大家争

相攀比奢华。

这样来看，生活在宋朝都城开封中的人无疑是幸福的，开封人可以品尝各式美食，收藏珠玉宝器，穿戴绫罗绸缎。在这些看得见的"高贵"生活中，用绫罗绸缎来打扮自己，可以算是大多数宋朝富人的共同特征了。

绫、罗、绸、缎是我国古代主要的丝织品种，在宋代，除了这些丝织品外，衣物面料还有纱、锦、绢、绮等品种。

不同的朝代由于生产技艺的不断进步，流行着不同的衣物面料，这就像现代不同季节的潮流服饰一样。在唐代，最为流行的丝织面料是绫，当时的绫不仅品类多样，花纹也非常精致。而到了宋代，罗和绮则成为主流衣物面料，宋朝的官服面料便以罗为主。

罗与纱颇为相似，但罗的表面有明显的横条纹，而纱的表面却并没有横纹。罗在宋代的地位，从其多作为贡品就可见一斑，江浙地区每年要上贡的花素罗就有十万多匹。

绮和绫很像，但二者在纹样上有些许不同：绮一般都是平地起斜纹，而绫则是斜地起斜纹。在宋代，绮的颜色有所增加，纹样也更为多样，在当时较为常见的四种小花绮纹样中，几何小花的样式最为精美，也最受宋代贵妇人喜爱。

虽是高级衣物面料，但罗、绮的应用在宋朝时还是非常普遍的，富人自不必说，普通人也会准备一两件，以备重要场合穿着。所以，每逢节庆日，宋人就会穿着罗绮衣物游走在夜市之中，在灯火的映衬下，这些罗绮衣物更显光鲜亮丽。

南宋有个名媛黄昇是罗绮织物的忠实爱好者，她的父亲曾担任泉州知州兼提举市舶使，主要负责南宋的海外交通和贸易。在16岁那年，黄昇嫁给了宋太祖赵匡胤的第十一世孙赵与骏，但奈何红颜薄命，仅仅过了两年，黄昇便因病过世。

在黄昇过世后，家人不用金银玉器，而是用300多件丝织衣物和化妆器物做陪葬。1986年，黄昇墓被考古发掘，墓中这数百件衣物重见天日。从这些名贵衣物上，可以看出黄昇生前对潮流服饰的热爱，宋朝服饰文化的繁荣。

在黄昇墓中出土的罗绮织物大多带有图案和花纹，既有荷花、梅花形象的纹样，也有缠枝牡丹形象的纹样。其中一件深烟色牡丹花罗背心重量只有16.7克，相当于一个硬币的重量，印证了陆游所说的"举之若无，裁以为衣，真若烟雾"。

从单纯的丝织面料，到诗词作品中富贵女子形象的代名词，罗绮被古代文人赋予了诸多文化色彩。到了宋代，这种文化色彩与繁荣的市民生活相互映衬，使罗绮衣物也成为宋人的一种形象特征。从宋宁宗皇后的画像中，我们也可感受到罗绮服饰的魅力。

漫身"黄金甲"，
大宋土豪也很土

裁缝匠人的商机

"大金链子小金表，一天三顿小烧烤。"当代"土豪"对黄金的热衷已经被网友编成了顺口溜，想来因为缺少文化底蕴，只能赤裸裸地用黄金来彰显自己的与众不同，确实让人有些哭笑不得，这就难怪当代网友非要在他们的"豪"前面加一个"土"字了。

当代有土豪，宋代也有土豪，虽然相隔千年，但土豪们的趣味却丝毫没有改变，让人不能不感慨千古土豪真的是一家！

宋代时，稍微有些资财的人都会为自己选一身合适的罗绮衣裳，而更为有钱的人不仅要"遍身罗绮"，还要在本就漂亮的罗绮上加入一些饰金，让衣服更夺目一些。宋代的那些达官贵胄们总会变着花样地往衣服上"加金"，在他们眼中，这些"闪瞎眼"的黄金不仅是贴在衣服上，更是贴在自己脸上，显得自身高贵不凡。

对于那些有身份有地位的宋人来说，衣物是显露身份地位的最好载体，整天穿着和普通百姓一样的衣物，如何凸显出自己的通身气派呢？宋朝的裁缝匠人似乎也悟到了这一问题，为了抓住这一绝佳商机，他们开始绞尽脑汁地琢磨起衣物加金的技法来。其实，早在宋朝以前，古人便已经掌握了一些类似的方法，到了宋朝，这些方法开始被广泛使用，同时还出现了一些新的方法。

多种多样的衣物加金方法

宋人王栐编撰的《燕翼诒谋录》就记载了许多衣物加金方法，如销金、缕金、圈金、盘金、贴金、影金、泥金、织金、间金、明金、捻金等。这些衣物加金方法虽然只是一字之差，但在具体操作及样式呈现上却有着很大差别。

从各类典籍著作和宋朝颁布的禁金令中，可以总结出18种饰金技法，如果根据黄金固有的一些特性来划分，这些饰金技法又可以分为金线刺绣、金箔贴金、金粉描金和金线织锦4种。

销金、缕金、圈金、盘金属于金线刺绣一类。其中，销金就是将金线嵌入服饰中，稍为简单的操作是在红罗袍子上嵌入金色丝线，复杂一些的，可以用金线在袍子上绣出各类花朵。圈金和盘金颇为类似，圈金是在刺绣好的饰物上用金线勾边，而盘金则是按照纹样的轮廓将金线盘绣在衣物上。使用这两种饰金技法，用到的金线越多，刺绣的面积越大，越能凸显整件衣物的等级和身价。

贴金和影金属于金箔贴金一类。贴金如其名称一样，是在衣物上缝缀金箔饰物，通过丝线细密的针脚，来营造一种朦胧美的

清　叶衍兰　文天祥像　金线刺绣与金饰花边

效果，是一种较为简单常见的饰金技法。影金要比贴金复杂一些，其需要将金箔缝缀在衣物上，再绣上其他饰物来遮挡部分金箔，最终呈现出一种金箔若隐若现之感。

泥金是金粉描金的主要技法，需要先用金粉和胶水调和出泥金料，而后再印制在衣物上。上一节中提到的南宋少女黄昇便拥有许多这样装饰的衣物。

在黄昇墓中出土的丝织衣物中，有许多都拥有金饰花边，而且这些花边的图案很少有一模一样的。除了衣物上常见的花边外，黄昇墓中还出土了一些没有使用过的花边。由此可见，当时已经有店铺专门销售各种花边，顾客只需要根据自己的喜好，选择合适的花边，然后再让工匠将其缝缀到衣服上，最后再以泥金处理便可以了。

织金、间金、明金、捻金属于金线织锦一类，这类饰金技法以金线并作丝线，通过金线在衣物上织出各种花样。其中，间金主要是用金线织出间断的花纹图案，而明金则主要使用宽边金线来让衣物更加耀眼。

除了上面这些被普遍使用的饰金技法外，当时的宋朝工匠们还研发出了一些独特的饰金技法，如榜金、陷金、背金、解金等。不过相比于上面提到的那些饰金技法，这些技法在当时的应用并不普遍，宋朝的"时尚男女"们对这些技法的认可度也并不高。

如此多的衣物加金方法，不仅让宋朝"土豪"们拥有了更多选择，也为宋朝的普通百姓提供了"追求美丽"的机会。稍有资财的普通百姓，也会选用一些饰金技法来让衣物变得更加耀眼一些。

在当时，销金是最为普通百姓所接受的饰金技法。因为可以自由选择在衣物上嵌入的图案样式，这种饰金技法是比较容易控制成本的。那些专做销金的铺子里，有许多提前准备好的图案或版刻，有大面积嵌金的高水准销金图案，也有局部嵌金的高性价比销金图案，可以满足不同群体的消费需要。

当普通百姓都可以往衣物上加金时，"大宋土豪"们就要开始琢磨其他凸显身份的装饰了。有宋一朝虽然大部分时间都是"积贫积弱"的，但宋代百姓，尤其是那些有些资财的"土豪"们却并不贫弱，即使朝廷几次三番发布禁金令，也依然无法遏制他们"穿金戴银"的欲望，金衣之外，金袜、金鞋在宋朝也颇为流行。

宋代名媛戴帽子，
争奇斗艳不输香奈儿

戴冠：宗代名媛的流行风尚

我们似乎从未见过不戴帽子的英女王，这位"超长待机"的老妇人无论走到哪里都离不开一顶帽子，让人有时不禁猜想，女王陛下的帽子底下，到底是不是一头银发？

在女性世界里，帽子也是她们争奇斗艳的工具之一。如当年的传奇时尚女王香奈儿，就是靠着一顶顶别出心裁的帽子奠定她在女性当中至高无上的地位的。而回到我们的大宋，宋朝女性尤其是名媛对于帽子的热爱，其实是不输于香奈儿的。

宋代女子对美的追求是从头到脚的，穿美丽的衣服是追求美的一个必要环节；与此处于同等重要地位的，还有戴美丽的"贵"冠。

戴美丽的"贵"冠，这种表述似乎有些绕口，换成两字可用"奢华"来替代，但又好像有些不准确。

宋代女子爱戴头冠，而且尤其偏爱那些美丽华贵的头冠。在这里美丽和华贵的含义是不同的，有钱人家的女子可以追求华贵又美丽的头冠，没钱人家的女子求不得华贵，却可以追求一些美丽的头冠。

古代女子戴冠最早有明确记载是在秦朝，但这一时期只有帝王的妃嫔能戴芙蓉冠，此后几个朝代，也有女子戴冠的记载，但较为少见。唐朝时，女子流行头戴幂篱（mì lí），开启了帽子的流行风。但直到宋朝时，女子戴冠才成为社会潮流。

五彩缤纷的头冠

在这股女子戴冠潮流中，花冠是最为宋代女子所接受和追捧的头冠类型之一。欧阳修在《洛阳牡丹记》中写道：每到春天时，城中的人们便会将鲜花佩戴在头上，无论贫富贵贱，每个人都有自己独特的鲜花头冠，就连那些挑着担子叫卖的商贩们也会在头上戴一朵花。

宋代女子头上所戴的用各种花装饰成的花冠被称为"一年景"花冠，这个名称来自"一年景"衣饰。陆游在《老学庵笔记》中写道："花则桃、杏、荷花、菊花、梅花，皆并为一景，谓之一年景。"将四季景物都缝制在一件衣服上，这件衣服便被称为"一年景"衣饰；而将四季花朵都插在一顶头冠上，这顶花冠便可被称为"一年景"花冠。

将四季的花朵都插到一顶花冠上？这对于没有温室大棚的宋朝人来说并不现实，但出于对美的追求，宋代匠人们又是一番"头脑风暴"，他们先是将鲜花放在书页中，制成干花标本，即"花蜡"，然后再将这些"花蜡"点缀在头冠之上，这样看上去是解决了问题，但由于干花易碎且并不显眼，这种解决方案并没有得到宋代女性的认可。

一种方法不行，宋代匠人们又想到了另一种方法，他们开始用罗绢、金玉、玳瑁等材料制作鲜花模型，以其来替代鲜花，插在花冠之上。这种人工制作的鲜花被称为"像生花"，不仅可以将四季之花都集中在一起，还可以根据不同人的意愿随意搭配花卉，满满的"私人订制"气息。

这种"一年景"花冠因为造价低廉，深受宋代平民女性的喜爱，在大宋风行一时。在《宋仁宗后坐像轴》中，画面正中的曹皇后脸贴珠钿，头戴九龙纹钗冠，仪态端庄。站在曹皇后身边的

宋 《宋仁宗后坐像轴》

两位侍女身上穿着小簇花锦袍，头上戴的正是这种"一年景"花钗冠。可见，"一年景"花冠的流行不止于民间，而是越过宫墙，进入了宋代宫廷。

但相比于这种"一年景"花冠，宫廷之中的妃嫔们似乎更喜欢珠玉头冠，在追求美丽之余，她们更在意花冠的华贵程度。

珍珠虽好，价格却不是一般女子能够承受得了的，博得圣宠的妃嫔自然可以选择自己喜欢的珠冠，无法蒙受圣恩的妃嫔只能捡些别人挑剩下的珠冠来用。宋代后宫中的顶级珠冠，多是选用从金朝购入的珍珠制作而成，其华贵程度是一般头冠所不能及的。

但在珠冠之上，还有一种"冠绝群芳"的头冠——凤冠。作为宋代冠饰中等级最高的一种头冠，凤冠无论在华贵程度，还是美丽程度上，都要远超其他头冠。

宋代的凤冠一般由花树、翠鸟、游龙、凤凰、珠旒（liú）、博鬓等主要装饰物构成，每一个装饰构件之中，都包含着复杂的理念和规矩，比如，凤冠上博鬓数量的多少以及点缀物的贵重程度，体现着戴冠者的身份及地位。同时，博鬓之上悬挂的珠串会随身体左右摇摆，这对于约束后宫妃嫔的仪态是非常重要的。

除了凤冠和珠冠外，宋代宫廷中还有各式各样的花冠，比如用牛角、象牙制作而成的"白角冠"，做成扇子、元宝形状的"扇形冠""元宝冠"，还有玉龙冠、云月冠、玉兔冠等各式头冠，这些头冠一般会做得较为高大，形态上也会颇为形象。

宋代女子对冠饰的追求在一定程度上反映出了当时的社会风貌，其冠饰形制的变化也代表着当时社会经济、思想和文化的某些变化。

女子假发两尺长，
是怎么梳头的

发髻永流传

百变女星Lady Gaga每一次出现在大众视线中，其夸张的妆容打扮都会给人带来一种难以名状的视觉冲击，尤其是那一头复杂多变的头发，有时像接了一根猴子尾巴，有时又像插了一根鸡毛掸子，让人不知道是该夸她还是损她。

现代的Lady Gaga用发型标新立异，而我们宋代的女性在这一点上，也是不遑多让的，只不过相对于自己的头发，她们更喜欢折腾假发。

对于宋代女子来说，从头做起的事情除了选择头冠，还有梳理发髻。赶时髦的宋代女子比较认同唐朝女子的妆发形式，喜欢梳高髻，为了提高自己的发髻高度，很多宋代女子还会往头发之中掺入假发。

往头发中掺入假发这种事，并不是宋代女子首创，早在西周时期，就有爱美的上层女子在自己的头发中编入别人的好看长发，来增加自己的发量，提升自己的发型高度。《周礼》中提到了周代王后的三种假发髻——副、编、次，它们的外在形制不同，所代表的身份等级也有所不同。

在西周以后，佩戴假发不再是宫廷妃嫔的专利，这种风尚开始从宫廷传至民间。汉唐美女发型多变，但主要以高髻为美，宋代女子延续了这股风尚，同样追求高髻之美。

宋代女子钟爱的发髻样式

"朝天髻"是当时的一种典型高髻，需要在真发中掺入大量假发。在梳理时，先将头发梳至头顶，然后再编结成两个对称的圆柱形发髻，并将其伸向前额处。为了使发髻前部能够呈现出高高翘起的感觉，需要在发髻下垫上钗簪等物，然后再在发髻上装饰好各类花饰、珠玉。

这种发型在成型后，发髻和发饰浑然一体，高高翘起的发髻会显著提升人的精神风貌。不同身份等级的女子会在发髻上装饰不同样式的饰物，以凸显自己的身份及地位。宋朝时，这种发髻不仅风靡宫廷，在民间也是颇为流行的。

"同心髻"也是当时较为流行的一种高髻，同样需要使用大量的假发来提高发型高度。这种发髻与"朝天髻"有相似的地方，但在造型时会简单一些，只需要将头发梳到头顶，然后挽成一个圆形发髻即可。

陆游在《入蜀记》中曾提到，四川地区许多没有出嫁的女子，都会梳这种发髻，两尺多高的发髻上会安插一些银钗和牙梳。未嫁少女梳这种发髻是期盼着美好恋情的到来，同时也寄寓着自己日后与所爱之人永结同心的美好心愿。

　　"流苏髻"的设计灵感来源于同心髻，在造型时，二者都需要将头发梳到头顶，挽结成一个大髻，但"流苏髻"的整个髻式更为上耸后倾。在发式成型后，还需要在发髻根部系上丝带，形成垂于双肩的流苏。

　　相传这种发髻是由一位名叫"轻云"的女子所创，她的头发既长又多，每次梳头都需要站在床上，可即便如此，梳理完发髻后，依然还会剩余几缕头发。为了解决这一问题，她便用同心带束结这些头发，并将其垂于双肩，装饰上珠玉，"流苏髻"由此而来。

　　"包髻"并不算是一种严格意义上的"高髻"，其更像是一种独具特色的女性发饰。在基础发式造型定型之后，用绢、帛之类的布巾进行包裹，其特色在于绢帛布巾的包裹方法上，将绢帛布巾包裹成花

宋　宋哲宗后

朵形状是较为常见的包裹方法，心灵手巧的女子还会将其包裹成浮云或是其他物体的形状，生动形象。在包裹完成后，还可以在其上以鲜花、珠玉进行装饰，整体上既简洁朴实，又精美大方。

发髻梳得越高，所需要的假发量也就越多，宋代女子对高髻的狂热追求，也催生了许多专卖假发的店铺。在宋代街市上，专门辟一家店铺来卖假发的商贩，可能并不多见，但挑着担子、摆着地摊售卖假发的商贩，比比皆是。

宋代女子喜爱梳高髻，却不如唐代女子那般追求高髻的华美，她们更喜欢淡雅，更多地追求理性之美，这种变化与当时宋代的社会思潮有关，也与宋朝对冠服形制的限制有关。到了宋代后期，冠服禁令松弛，宋代女子的发式才开始变得华丽多样起来。

化最简单的妆，
做最精致的大宋女子

珍珠花钿妆：大宋女子的独创

唐代女子在妆容上的浓妆艳抹，并没有被大宋女子所沿袭，她们选择了清新淡雅的妆容风格。脸上缺少了奢华多彩的装饰，并没有让大宋女子输掉气质，强调以自然肤色提升气质的妆容风格，反而让她们显得更为精致。

古代女子的妆容涉及多方面的内容，比如花钿、唇妆、眉妆、眼妆、面妆等。大宋女子在妆容上虽然强调自然、追求淡雅，但这些重要部位的细节妆化也是忽视不得的。

早在秦汉时期，花钿便已经成为女子装饰面部的主要手段，当时的女子会在前额眉心处绘制或粘贴花形、圆点形或动物造型的花钿图案。到了宋代，大宋女子对梅花钿产生了浓厚兴趣，同时拓展了花钿妆容的内容。

这一时期，花钿妆从集中在眉间，变成了贴在耳旁、腮旁，甚至是整个脸上的一种妆容，其中最具代表性的，便是大宋女子独创的珍珠花钿妆。

宋代宫廷女子将数颗珍珠并排贴在太阳穴到下颚之间，形成一长串珍珠装饰，再用大一些的珍珠贴在额头和脸颊上。这种妆容看上去有些夸张，却是宋代礼仪大典上的首选妆容。

宫中女子可以用稀有的珍珠做花钿，平民女子就只能用一些花草或榆钱来代替珍珠，做出类似于"珍珠妆"的效果。但从整体上来看，还是将白亮的珍珠贴于脸颊，更能够映衬女子的"三白妆"，而花草、榆钱与"三白妆"的匹配度显然没有那么高。

前面提到大宋女子在妆容上强调以自然肤色提升气质，但并没有哪个女子真的会以"素颜"的方式去商业街上闲逛。为了达到"看着像素颜，实际化了妆"的效果，大宋女子纷纷学起了"三白妆"。

这种面饰化妆方法在宋代以前便已出现，但直到宋代才真正流行起来。所谓"三白"，就是只将额头、下巴和鼻梁这三处着重涂白，这样一来，化妆者的额头就会显得更加明亮，下巴也会相对饱满，鼻梁也会更为挺拔，而且还不用担心脸上出汗弄花面妆的情况发生。

这种"三白妆"搭配"珍珠妆"，双重亮白的效果，会将人衬托得更有光彩，这是普通花钿妆所无法达到的效果。

清新淡雅的大宋女子

在大宋女子的整体妆容中，"三白妆"只是一种基础底妆，在其上，如果不搭配"珍珠花钿妆"，就需要考虑面部装饰的问题。

大宋女子的面部装饰同样秉承清新、淡雅、简单的风格，在涂抹腮红时，她们只是浅浅地涂抹一番，并不像唐朝女子涂抹得

宋　《四美图》　三白妆

那样厚重。"檀晕妆"是当时较为流行的一种面妆，主要只在眉眼附近涂抹一片浅浅的红色，用来提亮眼部色彩。这种淡雅的面妆会让肌肤显得柔和光润，更接近自然的效果，让人以为女子的容颜天然就是如此美丽。

在面妆和花钿之外，大宋女子在选择眉妆和唇妆时也颇为讲究。

在眉妆上，大宋女子对于远山黛、倒晕眉十分青睐，长蛾眉和出茧眉也是当时较受欢迎的眉妆。

远山黛是一种细长的眉妆，其就如水墨山水画中的远山一样连成一线，这种清秀淡雅的眉妆非常适合大宋女子的妆容特征，所以在宋朝时一下子便流行起来。

在当时，能够与远山黛媲美的另一流行眉妆是倒晕眉，这种眉形颇似倒扣的月牙，眉色晕染开来，由内向外逐渐扩散，由深转浅，有一种独特的韵味。

可以看出，这两种眉妆所呈现出来的都是清新淡雅的效果，这正应和了大宋女子妆容的整体风格。

解决了眉妆问题，大宋女子还需要面对唇妆的问题，唐代女子那种丰满鲜艳的唇妆自然是不适合大宋女子的，为了更好地匹配整体妆容，大宋女子选择了小而薄的椭圆形唇妆。

这种椭圆形唇妆要比唐代唇妆的范围小很多，整体上也更为圆润，在涂抹唇脂时，只需要简单涂抹，保证颜色匀称即可，不需要反复涂抹来增加唇妆厚度。这种小而薄的椭圆形唇妆看上去要更加自然一些，并不会"喧宾夺主"地抢夺其他妆容的光彩。

相比于唐代女子的复杂妆容，大宋女子的妆容显然要简单许多，但在这种简单之中，大宋女子却始终坚守着清新淡雅的妆容风格，这一点也体现在她们的发饰和衣饰上。宋代女性的这种装饰体现了宋人"淡雅"的审美情趣。每个朝代都有自己独特的审美风潮，宋代在唐人之后，绚烂之极归于平淡，这种淡雅的风格也体现在宋人的绘画、建筑等多种形式中。

臭美遭罪，宋代男人
体香真是熏出来的

宋代的香料

无论是浓妆，还是淡妆，呈现出来的都不是人的本真，崇尚自然美的大宋男女们更喜欢通过一些其他方法来提升气质。在这一问题上，大宋男女的理念相同，但具体操作方法却有所不同。

宋代男人们提升气质的方法是焚香，这种方法虽传承于前代，却在宋代被发扬光大。这一时期，许多海外香料通过海上丝绸之路进入宋朝都城，促进了宋代制香业的发展。各类香品的出现，也满足了宋代社会各阶层对"焚香"的不同需求。

龙涎香是当时最奢华的香料。它本是抹香鲸肠胃中的凝结物，经过海水洗涤、阳光照晒，逐渐成形，只有很少部分龙涎香能被海水冲到海岸，为人所用，这也是它为什么珍贵奢华的原因。龙涎香本身并没有什么气味，只有在点燃后，才会散发出浓烈的幽香，用它来熏蒸衣物，芳香的味道很久都不会散去。

如此贵重的香品，自然只有一国之君能够享用了。宣和初年时，宋徽宗在元宵节这天大宴群臣，在宴席上便使用了龙涎香。偏好文艺的宋徽宗还用龙涎香、沉香和龙脑等香料制成蜡烛，这样点燃蜡烛时便散发出阵阵芳香，甚是文雅。

比龙涎香稍逊一筹的是沉水香，也就是我们通常说的沉香。它是白木香树在受到外部侵害时分泌的一种树脂，自带奇异香气。这种树脂经过长年累月的积累，在去除了没有香脂的白木部分后，放入水中便可沉底，由此便得名"沉水香"。

不同地区的沉香会因为树种不同，呈现出较大的气味差异。东南亚地区的沉香以占城地区的为佳，而宋代文人独偏爱海南沉香，南宋诗人范成大认为，海南沉香在燃烧时的气味如香梅般雅致，同时还带有水果的甘甜气息，让人心旷神怡。

相比于单一香料制成的香品，宋人更喜欢用多种香料混合，来调配出自己喜爱的香品。通常，想要调配出一款自己喜好的香品，往往需要经过数次尝试才行。

高官贵胄比较中意"沉檀脑麝"所制的"四和之香"，沉香、檀香、龙脑和麝香这四样名贵香料的组合，确实配得上高官贵胄的尊贵气质；追求风度的文人雅士们则并不痴迷于这种高贵香品，隐居山林的他们更喜欢山林之中的自然之香，香橙皮、荔枝壳、樱桃核、甘蔗渣，这四种材料混制而成的香品，更能满足他们对焚香的需求。

痴迷于焚香的宋代文人

在宋代，痴迷于焚香的男子并不少见，如果要找出一个比较具有代表性的人物，那苏轼是再合适不过的。在他的诗词作品

宋 赵佶 《听琴图》

吟徵調商竈下桐
松間疑有入松風
仰窺低審含情客
以聽無絃一弄中
臣京謹題

聽琴圖

中，有许多描写焚香的词句，他不仅喜好焚香，更擅长自己调制香料。

据传苏轼为了调制出早春梅花绽放时的香气，曾前后耗时七年时间，重复试验了无数次。最终成型的"雪中春信"被认为是古代最美的香品之一，焚香者能够在雪天感受到梅花盛开的意境。这个故事颇具传说色彩，但苏轼制作印香送给自己的弟弟苏辙做寿礼，是实实在在发生的事情。在被贬到儋州之时，苏轼特意买了许多檀香，这为他在儋州的苦日子增添了不少意趣。

除苏轼之外，黄庭坚也是一位调香、制香的高手，其所制的意和香、意可香、深静香和小宗香被称为"黄太史四香"，是与苏轼的"雪中春信"齐名的名贵香品。除了制香，黄庭坚对中国香文化的发展也做出了重大贡献。他以《香之十德》对香的内在品质进行高度概括，对后世香文化研究产生了深远影响，日本香道界更是尊黄庭坚为"香圣"。

宋人除了焚香于居室之内，还会用其来熏衣熏帐，有去秽留香之意。香料的味道清新自然，回味悠长，与宋代男子的文雅气质颇为相称，但这种香气放在宋代女子身上可能并不合适，其中似乎缺少了些青春的气息。

相比于宋代男子更多追求香的内在气质，宋代女子则更在乎香的外在表现，或许正是这种反差决定了双方在选香上的不同。但从当时整体的社会风俗来看，焚香是更为普及的选香方法。

"网红香水"，
大宋女子最爱哪一款

香露：中国版的"蔷薇水"

祖马龙红玫瑰、香奈儿No.5……在我们这个一瓶香水可以贵到半个月收入的时代，每个女孩都有自己心仪的一款香水，为了拥有配得上自己的香气，节衣缩食也不在话下。宋代"香水"种类远没有现代香水多，在这较少的"香水"之中，"蔷薇水"成为宋朝女子最爱的爆款。

"蔷薇水"是一种从蔷薇花中提炼出来的香液，其香气馨烈异常，即使贮存在琉璃瓶中，用蜡将瓶口密封，依然可以在数十步之外闻到花香。如果将其洒在衣服上，即使过了十天半月，香气也不会消散。

在当时，最为优质的"蔷薇水"来自大食国，也就是当时的阿拉伯帝国。阿拉伯人的化学技术是从希腊人那里学到的，但用蒸馏方法获得并保存花朵中的挥发性精油却是阿拉伯人首创，巴格达宫殿中持久而浓烈的芬芳，正是得益于这一技术方法的应用。

鬘經屢取爲方妙　畫景惟傾向日心

胭蜀葵 辛亥

蜀江濯錦一庭深　誰植芳根傍綠陰

有似在朝臣子志　精忠不改向陽心

閣提花 戊申

閣提花蹴出金仙　似雪飄香徧釋天

偏向月階呈瑞彩　的知來自玉皇前

宋　杨婕妤　《百花图卷》（局部）　用鲜花制作香水

进口而来的香水，在价格上并不"亲民"，为了让更多人用得上这种香水，宋人开始仿制"蔷薇水"。阿拉伯人发明的蒸馏方法在五代时便已传入中国，经过一段时间的发展，到宋代时，这一技术方法已经基本成熟，但在一些具体操作细节上，宋人制取香水的工艺与阿拉伯人还是颇有不同的。

阿拉伯人在制作香水时，选用的是玫瑰花，为此，他们几乎在波斯地区种满玫瑰。宋人在制作香水时，选用的并不是玫瑰花，而是一些较易收集的如素馨、茉莉，或是柚花、柑橘花等原料。

朱栾花与柑橘花类似，但香气要远胜于柑橘花，因此常被用

黄蜀葵
己酉

花神呈秀羣芳右
隨佛下生來上苑
朱煒儲祥燮葉新
如丹九轉鎮千春

蜀葵
丙午

珍叢移種自蓬萊
注目霓旌翻晝永
細瑣繁英滿意開
尚疑星鶴領春來

　　来制作香水。在使用朱栾花制备香水时，宋人还会搭配一些其他香料，比如栈香或降真香。在将这些原料进行高温蒸馏后，取其蒸馏液放入密封瓷器中，可有效防止香气外泄。

　　这种使用鲜花蒸馏而成的香水在当时被称为"香露"，虽然其在品质上比不上阿拉伯传来的"蔷薇水"，但其受欢迎的程度却丝毫不输后者。不仅宋朝女子对其趋之若鹜，就连一些追求风雅的男子也对其喜爱有加。

　　宋朝女子在整理好妆容后，会取一些"蔷薇水"洒在衣服上，这样自己的身上便会散发出阵阵香气。这是一种较为基础的使用香水的方法，现代人在涂抹或喷洒香水时，所用的也基本上是这种方法。

"蔷薇水"的进阶之路

除了这种基础方法外，宋人还发明了一种国产"蔷薇水"的进阶用法，那就是将其与当时较为流行的"蒸香"相结合。

较为风雅的宋人会将沉香、檀香等质地较硬的香料浸泡在"蔷薇水"中，然后将其放在汤锅之中进行熏蒸。经过这一步骤，香料便会吸收"蔷薇水"的香气，获得一种复合性的香调。

在这一过程中，不仅可以获得具有复合性香调的香料，还能通过蒸馏方法收集到全新的"香露"。与香料一样，这种香露不仅拥有本身的花香，同时还拥有香料的香味。宋人为这种香露起了一个别致的名称——"花露蒸沉液"。

宋人在使用"花露蒸沉液"时，并不会将其直接洒在衣服上，因为这样并不能让其所具有的复合性香调完全挥发。他们会将这种液态的"香露"放置在香炉之中，伴随着炭火的熏烤，"香露"所蕴含的复合性香调将完全挥发，袅袅升起的香烟似乎也浸润着诗意，这种焚香方法显然要比熏烤香料更有意境。

宋人所制的"花露蒸沉液"与现今流行的精油颇为相似，但在制作工艺和产品完成度上，显然是有所不足的。但对当时的宋人来说，香露为他们的生活增添了美好的气息和幸福的色彩。

没有蛀牙，
选大宋中草药牙膏

马尾做的牙刷

古代人的物质生活条件虽然与现代人没法相比，但日常生活中该有的用品，却是一样不少的。为了保持清新口气，维护牙齿健康，古人很早便养成了刷牙漱口的习惯，不同于前代人"嚼木"刷牙，宋代人已经使用上了自制"牙刷"和"牙膏"。

在没有牙刷的年代，古人普遍使用漱口的方式来保护牙齿。《礼记》中的"鸡初鸣，咸盥漱"可以看作是最早的有关古人漱口护齿的记载。宋代张杲所著《医说》中提到，早晨漱口不如晚上睡觉之前漱口，这样能够去除掉牙齿间的食物残渣，保持牙齿坚固。

可见，在宋代时人们对于漱口护齿已经有了非常明确的认知，在这一基础上，宋代的能工巧匠们在一番琢磨之后，才发明出了与现代牙刷颇为相似的"马尾牙刷"。

宋人周守忠在《养生类纂》中提到"盖刷牙子皆是马尾为

之"的说法，这里提到的"刷牙子"就是当时的牙刷，在宋代之前，大多数牙刷只有木柄，没有毛刷，从宋代开始，人们才使用上了带毛的牙刷，这些毛刷的材质主要是马尾。

用马尾做牙刷的毛刷，这种做法在现在看来似乎有些不可思议，事实上，在马尾牙刷之前，古人还用野猪毛做过牙刷。相比于粗粝无比的野猪毛牙刷，马尾牙刷明显提升了刷牙的舒适度。

在当时的大宋商业街上，到处可见贩卖马尾牙刷等生活用品的商贩，还有一些地区出现了专门贩卖牙刷的商铺。南宋周密在《梦粱录》中便写道："狮子巷口有凌家刷牙铺，金子巷口有傅官人刷牙铺。"

虽然贩卖牙刷的生意很红火，但从当时的社会经济条件来看，马尾牙刷的造价颇为昂贵，并不是所有人都能用得起。这时候，一些普通的宋朝百姓就只能继续使用"嚼木"的方法刷牙，或是用手指来替代牙刷刷牙。

大宋中草药牙膏

牙刷能够将就，牙膏可不能将就，这一点似乎成了大宋百姓的共识。宋代的官修医书《圣济总录》中记载了许多清洁牙齿的药方，其中，关于揩齿贝齿散方如下：

贝齿（研）　文蛤（研）　石膏（捣末）　凝水石（捣末）　石决明（各一两）　丹砂（研半两）　龙脑（研一分）　海蛤（研三分）

上八味，捣研为散，早晨临卧，以指点药揩齿，去口气，益牙齿。

可以看到，这款药方中加入了石膏、凝水石来增加摩擦，而贝壳和文蛤则可以增加牙齿的亮白效果，这与当下一些牙膏品牌宣称的"珍珠亮齿白"效果是颇为相近的。除了有洁齿美白的功效，这款药方中还加入了龙脑，对于治疗牙龈肿痛上火有一定的功效。

在宋代，这些清洁牙齿的药方在各地的"牙粉行"中都可以买到，其中较受普通百姓欢迎的是一款用青盐和药材配制而成的牙粉。一些不喜欢用别人配制好的牙粉刷牙的人，还会自己挑选中草药来配制牙粉，大文豪苏轼作为一位美食家，便自己配制过牙粉。

苏轼在配制牙粉时选用了松脂和茯苓两种中草药，将它们晒干捣碎后，再筛出细粉即可使用。在刷牙时，先将一小勺牙粉放在嘴中，而后喝一口水，在口腔中漱涮几下，再吐出，而后再使用牙刷刷牙即可。可以看出，苏轼所制的牙粉并不是和牙刷一同使用的，这与现代牙膏是有所不同的。

除了苏轼，宋代科学家沈括也自己配制过牙粉，他以苦参作为牙粉的主要

沈括像

苦参

苦参　制作牙膏的原料

原料，制粉方法与苏轼基本相同，但在牙粉使用上却颇有不同。沈括配制的牙粉需要配合马尾牙刷一同使用，使用者需要先用马尾牙刷蘸一下清水，然后再将牙粉撒在牙刷上，最后执行刷牙动作。这种刷牙方式与现代人的刷牙方式是颇为接近的，只不过沈括使用的牙粉可能并不会刷出许多泡泡来。

不仅没办法刷出泡泡来，沈括在刷牙时还经常会遇到沾到牙刷上的牙粉脱落的现象。这并不是沈括一个人的烦恼，而是所有使用牙粉刷牙的人的烦恼。基于这一问题，宋代的"发明家们"一番思索后，研发出了一种防脱落的洁齿药方，宋代医学名著《太平圣惠方》有记载："柳枝、槐枝、桑枝煎水熬膏，入姜汁、细辛等，每用擦牙。"这或许可以算是宋朝最形象的牙膏了。

清新口气，不只刷牙

在清新口气方面，宋朝人并没有止步于每日刷牙这件事上。北宋初年，不知是哪个聪明人发明了一种被称作"牙香筹"的洁牙用品，其由香料和药材混合，被压制成了牙刷的形状，可以算是牙刷和牙膏的结合品。

平时，这种洁牙用品会被人们装在小袋子里面，挂在腰间。每次早晨吃过饭之后，人们便会从袋子中掏出"牙香筹"，放在嘴里来来回回摩擦几遍，再用清水漱掉残渣。漱口之后，用过的"牙香筹"也要用清水冲刷一遍，然后再用小袋子装好，留着下次继续使用。每次使用过后，"牙香筹"都会相应损耗，一支"牙香筹"可以使用好多次。

相较之下，这种"牙香筹"无论在使用体验，还是具体效果上，都要远胜过其他洁牙用品。但这种"牙香筹"不仅百姓人家用不起，一些地方官员也是用不起的。每年腊八时节，皇帝会给大臣分赐一些"牙香筹"，这可以说是极好的福利了。

第二章　食

我们的一日三餐，
其实是大宋百姓争取来的

曾经奢侈的"一日三餐"

中国人说起质朴生活总喜欢提"一日三餐，粗茶淡饭"，然而读者可能不知道的是，在古代，"一日三餐"其实是一件特别"奢侈"的事情。例如东汉末期，挟天子的曹操曾被天子"授予"一日三餐的"殊荣"，因为普通人不是随时可以吃"一日三餐"的。随着经济的不断发展，尤其是粮食产量的提高，到五代十国末期，三餐才开始成为富裕阶层的标配。而进入宋朝，在宋朝老百姓和政府的努力下，三餐终于走入平民阶层，至此，中国才实现了真正的普遍性的一日三餐。

宋朝承袭后周基业，十分重视商业发展和与民休息，因此不但国家富有，政府还能够藏富于民。尤其是太宗时期国势稳定之后，工商业的蓬勃发展促进了汴梁等地的繁荣，非农业人口占到人口总数的十分之一。真宗时期，首都汴梁城出现了大量的富户，资产百万者很多，十万上下的更是比比皆是。

人民富了，米缸、面缸装满了粮食，地窖里装满了菜以后，此时人们的第一个想法便是改善生活。巳时（上午九点至十一点）吃第一顿饭、未时（下午一点至三点）吃第二顿饭的传统显然已经没有必要再保持了，于是，宋朝人改为日出、日中和日落三次就餐，传统的一日两餐变成了延续至今的一日三餐。

吃得饱，更要吃得好

饮食次数的增加，并没有降低饮食的质量，相反，富裕起来的宋朝人不但要求吃得饱，更要求吃得好。

宋人孟元老《东京梦华录》记载，宋廷举办国宴动辄数十道精美菜品，大夫家宴也往往备下驼峰、熊掌等珍馐美味，可见宋人对饮食追求之高。

如果说上层阶级不具有普遍性，那么让我们再看一看宋朝普通老百姓对食物的追求。

宋人笔记小说记载：当时有习俗，媳妇蒸好馒头上桌时，她必须找一个木盘，把馒头摆成一个立体三角形或是圆锥形，叫作"簇盘"，并在馒头最上面放朵鲜花；即便没有花，也要放几片树叶，然后再端过去。冬天没有花和树叶，那就用皂角汁画一朵花，或者放个红枣，总之无论如何，都不能让这盘馒头白花花的上桌。

仅就馒头这一项，便可见宋朝对饮食的讲究已经走入了寻常百姓家。

除了饮食的改善和丰富，宋朝民间关于食品储藏的工艺也得到了很大的提升：窖藏、冰藏、密封、涂蜡等都是当时常见的食

宋　佚名　《女孝经图卷》（局部）　宋朝百姓的饮食

物储藏方法。很多富足的家庭地下都有冰窖，用来储藏冰块，普通百姓家里也有地窖用来存放蔬菜。

即便一个宋朝百姓出门办事不能回家吃饭，在中途寻一个地摊解一解肚饿，也一样能够体现出饮食的精致。宋人笔记小说就记载，有一人看到走街串巷卖汤圆的小贩，小贩担子前面挂着汤圆，后面挂着炉灶，别看这小贩买卖小，他一样会进行一番装饰。扁担上插一些花，炉灶上盖一张荷叶。给他几个钱，让他煮碗汤圆，他煮好汤圆双手递给客人，食客一眼看去，碗里肯定有两颗红色的小果子点缀着白色汤圆，红白分明，再加热气衬托，说不出的好看。把汤圆吃完，碗里的汤也见底之后，会发现碗底还有若隐若现的山水小画。这时腹中有食，又有了视觉享受，再加办事顺利，顿觉身心舒畅。

西方哲学家说过一句话："假如你有两块面包，卖掉一块，用它换取一朵水仙花。吃着剩下的那块面包，欣赏水仙花，面包填充肉体，水仙愉悦灵魂！"

这种精神上的追求，正与宋朝人对精致生活的追求不谋而合，想来要不是宋朝人的生活富足，又怎能把路边小吃都吃得这么有品位呢？

炎炎夏日，来一杯
"大宋牌"冷饮

大宋冷饮菜单

"这么热的天，不来一杯'渴水'降降温吗？"在夏日里的大宋小吃街上，随处可以听到这种招呼叫卖的声音。商贩口中所说的"渴水"是宋朝的一种冷饮。

宋朝时期就有冷饮了？是的，从严格意义上来讲，我国冷饮的出现最早可以追溯到商周时期，但那时人们主要是拿着冰块啃或将冰块融在水中饮用；到了唐代，人们才开始在冰块水中加入糖，来提升冰饮的口感；到了宋代，能吃会吃的宋朝人将水果、牛奶、茶汤与冰块混合，创制出了诸多特色冷饮。所以说，直到宋朝时，冷饮才真正成为冷饮。

宋朝的冷饮可以分为"熟水""渴水""冰雪""凉浆"四个大类，其中"渴水"和"凉浆"这两类冷饮的种类比较多，受欢迎程度也相对高一些。

宋朝的"熟水"与现代的凉茶颇为相似，在制作"熟水"

时，宋人先将竹叶或橘子皮洗净晾干，再放在锅中翻炒一番。炒好的竹叶会被放入烧着开水的锅中，盖上锅盖焖一段时间。随后将开水中的竹叶捞出，并在其中加入一些糖，再把开水灌入瓦罐中，吊在深井里放凉。经过上述流程后，一份"熟水"便算制成了。这种冷饮喝着会比较甘甜，有淡淡的清香。

如果说宋人的"熟水"是现代凉茶的话，那宋人的"冰雪"对应的就是现代的雪糕了。在冬天严寒时分，宋人会将一盆水放在室外，有的人会在水中放糖，有的人则会放些果汁、果肉。等到整盆水都被冻住后，宋人会将其搬运到自家冰窖中，等到第二年夏天再将其切割成小块售卖。一些精明的商贩会将冰块雕成小动物的造型，以此来吸引小孩子的注意。

"凉浆"并不能算是一种果饮，因为它是用米饭制成的。在制作"凉浆"时，宋人会先熬煮半锅米饭，等到米饭软糯后，再加入凉水混合搅拌，倒入缸中，盖上盖子让其自然发酵。差不多一周时间后，将其中的渣滓滤掉，只留下米汁。将米汁盛放在小瓷瓶中，放到冰桶中冰镇一下，酸甜的"凉浆"就制成了。

在清明时分，宋人去上坟时通常会带上一些"凉浆"，用来给亡故的亲人摆供。真正想要喝冷饮的宋人，更多会在冷饮铺子买"渴水"来喝。

"渴水"的制作过程颇为复杂，口味也要比其他冷饮好一些。想要制作"渴水"，首先要选取一些鲜嫩多汁的水果，将它们洗净后去皮去核，只留下果肉和果汁备用。果汁果肉备好后，生火架锅，将少量清水和果汁果肉一同放入锅中以小火熬煮，待到果汁和清水快被熬干时，将软糯的果肉再过滤一遍，滤掉渣滓，继续用小火熬煮，直到锅中只剩下一团黏稠的物质后才关火。

这种黏稠物质其实就是现在的"果胶"，直接将其加入冰水中搅拌均匀，一杯畅爽的"渴水"就诞生了。相比于其他冷饮，"渴水"可以通过调整果胶与冰水的比例来提升或降低甜度，还可以通过不同原料的搭配，制作出各种独特风味的饮品。

在大宋小吃街上，木瓜渴水、香糖渴水、冰雪冷元子、凉水荔枝膏是较为畅销的几种"渴水"。其中，"凉水荔枝膏"虽有

宋 赵佶 宋公红荔枝绣香囊 宋朝水果

荔枝之名，却与荔枝无半点关系，是用乌梅肉加桂皮、生姜及蜜糖熬制而成。这种冷饮健胃助消化，最适合在饭后饮用，对于便秘患者更是大有裨益。

冷饮虽爽，可不要贪杯哦

有如此多的冷饮品类，宋人的夏日生活看样子是不会被闷热所困扰了。但冷饮虽好，却并不适合多喝，尤其是大宋小吃街上的冷饮，虽然绝对不含色素和添加剂，但多少还是有些卫生隐患的，喝多了很容易拉肚子。

为什么？其实，这并非个别商贩不顾消费者生命安全赚黑心钱，而是整个行业普遍都存在的问题。

宋人做冷饮用的冰多是天然冰，这些天然冰都是冬天时商贩们从江河湖泊中挖凿出来，放入自家冰窖中贮存起来的。河湖之中的冰块本就存在较多杂质，放入阴暗的冰窖中长期储存更容易沾染细菌。这种冰块用来降温并没什么问题，但如果用它来做冷饮，就或多或少会产生卫生问题了。

宋孝宗就曾向大臣抱怨过自己冷饮喝得过多而拉肚子的事，皇帝喝的冷饮尚且存在卫生问题，普通百姓就更不要说了。所以说，大宋的冷饮虽然种类多样，喝起来畅爽无比，但还是少喝为好，为了一时的清爽自在，闹几天肚子是不值当的。

别意外，《清明上河图》中
惊现"外卖小哥"

宋代的外卖小哥

《清明上河图》我们每个人都看过，但不知道有多少读者曾将它放大，看过里面的细节。如果你真的这样去做，那么你一定会对大宋都市生活的"现代化"感到震惊。

在《清明上河图》里面有这样一个场景：一位腰间系着围裙的年轻小伙正从一个挂着"脚店"牌子的屋子向外走，只见他左手提着个饭盒，右手拿着两双筷子，这个小伙在做什么呢？他是否很像我们今天的外卖小哥？

取消宵禁制度之后，夜市便在宋朝迅速发展起来，宋人想要吃点夜宵，去小吃街溜达一圈就能买到。即使不想自己去溜达，他们也可以通过外卖点餐的方式吃到自己想吃的美食，因此，外卖小哥其实在宋朝就已经存在了。

市民经济的繁荣让百姓的钱袋子鼓了起来，也让外卖行业发展壮大。最初的外卖点餐服务主要集中在高档的酒楼，顾客可以提前与酒楼联系定好餐食，在约定的时间内，酒楼的店小二便会将餐食送到顾客指定的收货地点。

慢慢地，这种外卖点餐服务开始被一些小商贩所效仿，一时间，大宋市场形成了一股"不提供外卖，就没有竞争力"的商业风气。很快，外卖点餐服务便发展成为大宋餐饮行业中一项家家必备的特色服务。

贴心的送餐服务

与现在的不同之处在于，宋代的"外卖小哥"并没有统一的送餐服装，也没有电动摩托车，所以他们只能根据送餐路程的长短，提前较长一段时间出发，才能保证餐食准时送到顾客手中。

提前出发送餐，难道他们不担心餐食送到食客手中就凉了吗？关于这一点，提供外卖服务的商贩早就考虑到了，为防止这一问题发生，商贩们大多对送餐的食盒进行了改良。

宋代的送餐食盒主要是木质或是瓷质的，为了防止餐食在运送过程中变凉，商贩们通常会让"外卖小哥"将几个食盒叠在一起，这种方法既能够对餐食起到一定的保温作用，也能防止多种餐食的味道掺杂在一起。

一些追求服务质量的商贩并没有满足于这种"叠食盒"的保温方法，他们发明了一种名为"温盘"的容器。这是一种厚底的盘子，分为上下两层，上面略薄，下面较厚，中间则是空心的。将菜品盛放在盘子上面后，在盘子中间注满热水，然后再将盘子放入叠好的食盒中，这种双重保温的方法基本可以满足所有餐食的保温需求。

除了在餐食保温上下功夫，商贩们对"外卖小哥"的送餐服务也有着严格的要求。如果"外卖小哥"因为个人疲懒延误了送餐时间，他们不仅会被罚钱，还有可能被直接开除。而对于受到食客夸赞的"外卖小哥"，商贩们也会多少给他们一些奖赏，这与现在的送餐管理制度是颇为相似的。

皇帝也爱点外卖

看得出，在送餐服务方面，商贩们确实付出了不少心思。外卖点餐服务的盛行除了有商贩们热情推动这一原因，宋人喜爱使用这一服务也是一个重要原因。宋人爱点外卖是因为大家都比较懒吗？当然不是！宋人喜爱外卖主要是因为宋代的美食实在是太多了，自己买回食材去烹饪，根本做不出名厨操刀的口味来，既然如此，为什么不直接点外卖送餐到家呢？

宋　张择端　《清明上河图》（局部）右下角的"外卖小哥"

这种想法不仅宋朝的平民百姓有，就连坐享天下美食的皇帝也有。宋太祖时期，外卖点餐服务还没有盛行，他只能着微服亲自出宫品尝美味。到了宋孝宗时期，外卖点餐服务早已流行起来，他便经常派遣身边宦官出宫点餐。

据南宋周密《武林旧事》所载，李婆婆做的杂菜羹、臧三烙的猪胰胡饼、戈家特制的餐后甜食都是宋孝宗点过多次的外卖，别人点外卖该给多少钱就给多少钱，宋孝宗则不然，吃到好吃的外卖，他还会多给一些赏钱。

连皇帝都爱点外卖吃，下面的王公大臣更要跟着学习了。原本一些并不习惯点餐的普通百姓也在这股"外卖旋风"的影响下尝试起了外卖点餐，想要吃饭时，他们先去酒楼点好餐食，然后便高高兴兴地去往勾栏瓦舍看些表演。看完表演回到家后，仆人们已经将热腾腾的外卖摆上了桌，这样的用餐体验怎能不提升幸福感呢？

有固定经营场所的商贩们使用"外卖点餐"服务为自己招揽生意，没有固定经营场所的商贩自己就是"外卖小哥"。在宋代，售卖熟食的小商贩会背着一个筐，筐中放着刀、肉和肉板，沿街叫卖熟食。还有一些售卖茶汤的商贩，会推着小炉子四处游走，走到哪里卖到哪里，炉子中的火始终是旺的，食客喝到的茶汤也一直都是热的。

想不到早在一千多年前的宋朝，"外卖点餐"服务就已经风靡起来。从这一角度来看，大宋的经济确实是够繁荣的。

大宋星级酒店，
餐具比西餐更讲究

　　在宋朝人的餐桌上，美食是最为重要的主角，但除了各类美食，宋人餐桌上值得研究的东西还有很多，比如摆在餐桌上的餐具。去宋代的高档酒楼就餐，不懂得如何使用餐具，可是会闹出大笑话的。

　　若论宋代最为高档的酒楼，樊楼是必须要着重提及的。在汴京城难以计数的大小酒楼中，樊楼在规模及规格上都是首屈一指的。它并不是一座独立的酒楼，而是一片绵延的建筑群落，在这里高官贵胄们有自己独享的"雅间"，寻常百姓们也可以找到属于自己的散座。每当节日时分，樊楼内外灯火通明，高官贵胄与寻常百姓分散在樊楼各处，各享宴饮之乐。

　　如此高规格的酒楼，其所提供的餐饮器具自然也要足够高端。

　　宋人宴饮时所用到的餐具可以分为食具和酒具两大类，食具主要有碗、盘、钵、筷子等，酒具则主要有杯、盏、注碗、注子

宋　《仿宋高宗书女诫马远补图》（局部）宋人使用的餐具

等。碗、盘和筷子是宋人餐桌上必不可少的餐具，钵与碗样式差不多，但一般会比碗大一些，主要用来盛汤。注碗和注子是成套出现的酒具，相当于现在的酒瓶与酒杯。

在高端的酒楼中，这些基础餐具是必须要有的，与普通酒楼不同的地方在于，一些高端酒楼的基础餐具会采用金银来制作。樊楼的许多餐具就是银器，在一个双人桌上，一套银器酒具的价值就有百余两纹银，更为高档的餐桌上摆放的金银器就要更多了，其奢靡程度可见一斑。

除了这些基础餐具外，高端的酒楼还有一些特殊的餐具，如箸瓶、止箸和渣斗。箸瓶是用来盛装筷子的容器，形状与现代的筷子筒颇为相似。宋人在宴请宾客时，会在每一桌上都摆放箸瓶，等到客人入席落座后，会有专人帮宾客把筷子从箸瓶中取出来。除了用箸瓶盛装筷子，宋代的一些文人雅士还会用它来盛放香箸和香匙，当然，混用的情况是很少见的。

从箸瓶中拿到筷子后，客人便可以品尝餐桌上的美食了。在用餐过程中，如果客人想要放下筷子稍作休息，那他需要将筷子稳稳地放在"止箸"上。

其实，宋人在用餐时，不只会用到筷子，很多时候他们还会用到匙，也就是勺子。一名有教养的食客，在拿勺子时，一定要先放下筷子；在拿筷子时，则要先放下勺子。"一手拿勺子，一手拿筷子"的行为在宋人眼中是不礼貌的。

为了防止筷子或勺子沾到餐桌上不干净的东西，宋人会为每位宾客准备一个"止箸"。在形制上，宋代的"止箸"与现代的"筷枕"颇为相似，不同于现代"筷枕"多用陶瓷制成，宋代的"止箸"主要是用金属或竹木制成的。

有了"止箸"，宋人在使用筷子时，便可以将勺子放在上面，在使用勺子时，又可以将筷子放在上面，这样既保护了个人健康，又保持了优雅仪态。

说到保持优雅仪态，就不得不注意饭菜残渣的处理问题。直接将鱼刺肉骨吐在餐桌上很不卫生，趁人不注意将食物残渣吐到地上又很不礼貌，为了解决这一问题，宋人在餐桌上专门为宾客准备了"渣斗"。

在形制上，"渣斗"就像一个瓷罐，只不过敞口非常大，如喇叭一般。其主要用来盛放食物残渣；一些个头比较小的"渣斗"也被宋人当作茶具，用来盛放茶渣。

配齐了这几样食具，宴席的规格就上了一个档次，一些高端酒楼为了凸显自己的规格，还会用"插山"和"食屏"来装点餐食。

"插山"是一种用木头雕刻成的假山装饰，将餐食一层一层地摆放到假山上后，原本平铺一桌的餐食瞬间会呈现出错落有致的立体感，让食客在大饱口福之前，先获得视觉上的享受。

"食屏"是一种分隔菜品的屏风，为了照顾不同食客的饮食口味，有的酒楼会用"食屏"将荤素菜品分隔开。这样想吃荤菜的食客便可以坐到一边，而想吃素菜的食客则可以坐到另一边，这对于想要通过吃素来控制身材，而又抵挡不住自己吃肉欲望的食客来说，真是一个贴心的设计。

相比于前面提到的数种餐具，"插山"与"食屏"在宋人的宴席上出现得并不频繁。但对于那些高端酒楼来说，这些极具创意的餐具却是不可或缺的，摆在客人面前的餐具越是复杂，客人就越会觉得自己受到了重视，越多顾客产生这种心理，酒楼的生意也就会越红火。

看来那些在宋代经营高端酒楼的人，对大众心理学也是颇有研究的。

大宋"地摊经济",
物美价廉说的就是它

大宋市民生活景象繁华，固然有皇室鼓励推动的原因，但如果大宋百姓不积极捧场消费的话，也是难以实现的。

难道大宋百姓们都是吃货吗？每天都逛夜市也逛不腻吗？当然不是，逛夜市可能会逛腻，但物美价廉的各式小吃是吃不腻的。刺激大宋百姓消费的并非宋朝皇室的推动，而是小吃街的那些物美价廉的各色小吃。

州桥夜市是大宋百姓最喜欢的小吃街之一，这一夜市中的小吃不仅种类齐全，而且价格还普遍不贵，一只烤熟的鹌鹑只要两文钱，一些时鲜水果也只要十文钱一斤，那些鸡、鸭、鹅、兔的肉更是只要十五文钱就能吃到。

在众多小吃中，有一种被称为"酥油鲍螺"的花式小点心。制作这种点心时，要先在奶油中掺入蜂蜜和蔗糖，待到奶油凝结后，再挤到盘子中。在挤奶油的过程中，要让盘子保持旋转，最后的成品类似于现代蛋糕上的奶油裱花装饰，底下是圆形，中间是一圈一圈的螺纹，上面呈尖状。

这种花式小点心不仅在节庆时节颇为畅销，就是在寻常日子里，也能在小吃街中见到买到。别看这种小点心在制作工艺上有些复杂，价格却是非常亲民的，所以普通百姓也会时常买上一些，与家人朋友一同分享。

除了这种花式小点心外，夏日夜晚的主角——夜市烧烤也是大宋小吃街的主打美食。宋人对羊肉的热衷是近乎疯狂的，在他们的夜市菜单中，羊肉是绝对的主角，羊头、羊排、羊肉、羊杂，如果舍得花钱，在大宋小吃街吃个全羊宴也不是没可能的。

为什么要舍得花钱才行呢？大宋小吃街的美食不是物美价廉的吗？物美价廉不假，但大宋朝的羊肉价格贵也是事实，产量少，需求多，羊肉价格自然水涨船高。所以想要在大宋小吃街吃肉，又不想花那么多钱，最好的选择就是猪肉。

这一点苏东坡是非常有发言权的，在职业生涯的后期，穷困潦倒的苏东坡吃不起羊肉，只能挑拣些别人不要的羊脊骨来啃食。虽说这种"羊蝎子"也颇为美味，但没有肉食的日子也着实难熬，思来想去之后，苏东坡便开始研究起价格低廉的猪肉来。

经过一番研究后，一款特色红烧肉便横空出世了。宋朝的贵族和文人雅士是很少吃猪肉的，只有寻常百姓才会吃猪肉。苏东坡研究的这款红烧肉因为价廉味美而颇受寻常百姓的喜爱，而在他的推广之下，这道菜式也逐渐从寻常百姓的饭桌走到了文人雅士的餐桌。

有甜点和肉食还不够，热闹的大宋小吃街怎么能少了美酒来助兴呢？在大宋小吃街中，无论是达官贵人还是普通百姓，他们

宋　佚名　《田畯醉归图》

都能找到适合自己的酒品。在诸多酒品中，"小酒"是比较适合平民百姓喝的一类物美价廉的酒。

　　这种"小酒"类似于今天的米酒，一般在春天酿造，秋天出售，共分为二十六个等级，最低等级的"小酒"一斤只要五文钱，最高等级的"小酒"一斤则需要三十文钱。普通百姓可以根据自己的需求和购买力来选择不同等级的"小酒"，即使是花三十文钱去喝最高等级的"小酒"，当时大多数平民百姓也是能承担的。

寻常百姓喝"小酒"，有点小钱的文士官僚则可以喝一点"大酒"。这种"大酒"主要是蒸馏酒，一般在冬天酿造，夏天出售，共分为二十三个等级，最低等级的一斤要八文钱，最高等级的一斤要四十八文钱。

四十八文钱一斤的"大酒"在当时也并不算贵，更好一些的羊羔酒可以卖到八十文钱一斤；还有专供宋朝皇室的"蔷薇露"和"流香酒"，就是高官贵胄也不一定能喝得到。这样来看，大宋小吃街中的"小酒"和"大酒"的价格可以算是比较亲民了。

从五花八门的凉菜小品到香气四溢的肉汤烤串，大宋小吃街的美食即使一周七天不间断地吃，也很难吃尽。今天吃过了虚汁垂丝羊头，明天换换口味改吃鸡皮麻饮；今天喝了黄酒，明天喝点银瓶酒尝尝。在物美价廉的大宋小吃街中，似乎没有什么美食是大宋百姓吃不到的。

在大宋小吃街中，除了卖各式小吃的摊铺，还有一些卖生活日用品的铺位。销金裙、缎背心、细画绢扇、四时玩具等生活日用品应有尽有。在吃喝游赏之余，挑一件小裙，选一把折扇，充满乐趣又自在悠闲，这样的生活，就连大宋王朝的帝王也要羡慕不已。

东坡肉难道
只是白水煮肉

　　不善钻研的文学家不是好厨子，这句话用在苏轼身上是颇为恰当的。在朝中做官时，苏轼钻研了很多奢侈的羊肉菜肴；被贬外地后，苏轼则琢磨了一些价廉味美的其他菜肴。在这诸多价廉的菜肴中，"东坡肉"是最为知名，也最受寻常百姓推崇的。

　　"乌台诗案"后苏轼被贬黄州，不仅官位连降几级，俸禄也大为减少。在黄州这段时间是苏轼一生最为清闲的时光，除了游山玩水、写诗作赋外，苏轼还专门研究起猪肉美食来。

　　为什么苏轼要研究猪肉美食呢？事实上，苏轼并非只研究了猪肉美食，他还研究了羊肉美食，只不过从羊脊骨中啃食肉碎的感觉并不能满足他对肉食的渴望，所以他才又另辟蹊径地开始琢磨起较为便宜的猪肉美食来。

　　那为何宋朝的猪肉如此便宜呢？猪肉价格低廉这件事，要从古代的生猪养殖开始说起。在古代，猪的饲养周期是比较长的，但猪的出肉率却并不高，由于缺乏相应的猪肉处理技术，当时的猪肉非常腥，并不好吃，所以富贵人家并不爱吃这种肉食。自汉朝开始，人们对猪肉的需求便开始下降，这种情况到了唐朝表现得尤为严重。到了宋朝，人们对猪肉的需求更是降到极低。没有了需求，猪肉的价格自然而然就便宜了下来。

除了供需影响外，猪肉价格低廉还与其"口碑"有着较大关联。比如，有的医学家认为"什么肉都能补身体，只有猪肉不能"，有的医学家则认为"猪的用处倒是不少，但猪肉却不适合多吃，因为它会让人暴肥"。一代药王孙思邈更是给猪肉判了"死刑"，他指出：猪肉吃多了，会让人全身筋骨和皮肉都疼痛无力，引发多种疾病。如此多医学研究者对猪肉给予"恶评"，在时人看来，吃猪肉确实是没什么好处的。

爱好美食的苏轼自然知道猪肉背负的诸多"恶名"，那他对吃猪肉是什么态度呢？苏轼用一首《猪肉颂》表达了自己对猪肉的真实情感。在这首词中，苏轼感慨黄州的猪肉又好又便宜，但有钱人不怎么爱吃，普通人又不知道怎么烹饪。同时还详细描述了自己烹制猪肉的方法：先将锅洗净，然后放少许清水，点燃柴草时要注意控制火候，用微火煨煮即可。在整首词的最后，苏轼还以"早晨起来打两碗，饱得自家君莫管"来表现这种猪肉美食的美味。

这种猪肉美食正是"东坡肉"，相比于现代人所吃到的"东坡肉"，苏轼当时所制的"东坡肉"却并没有那么复杂。现代"东坡肉"在制作时会将五花肉与糖、茴香等佐料一同红烧，一些地方还会用酒来替代清水，但从苏轼的《猪肉颂》来看，他并没有提到在猪肉中加入佐料和糖。少了这两样必备食材，"东坡

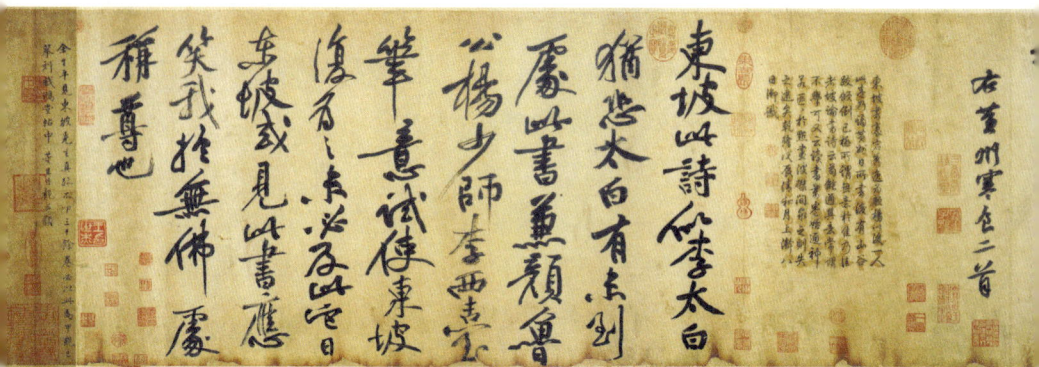

宋　苏轼　《黄州寒食帖》（局部）

肉"岂不变成了白水煮肉吗？

难道被后世传颂已久的"东坡肉"真的是白水煮肉吗？答案可能并非如此。

首先，糖这种调味品在宋代时应用的已经非常普遍了，不仅在小吃街出现了许多糖类食品，寻常百姓的家中也会储存一定的蔗糖。

苏轼在游览金山寺时，曾赠诗于住持圆宝，其中一句说道"冰盘荐琥珀，何似糖霜美"。这里的"糖霜"指的就是在大宋知名度极高的遂宁特产糖霜。由此可以判断苏轼是能够接触并使用糖的。

其次，对于颇负盛名的美食发明家苏轼来说，清水煮肉这种寡淡的肉品是无法下咽的。在烹调那些没有多少肉碎的羊脊骨时，苏轼尚且会以酒和盐进行调味，很难想象他会在微火煨炖猪肉时只用清水。

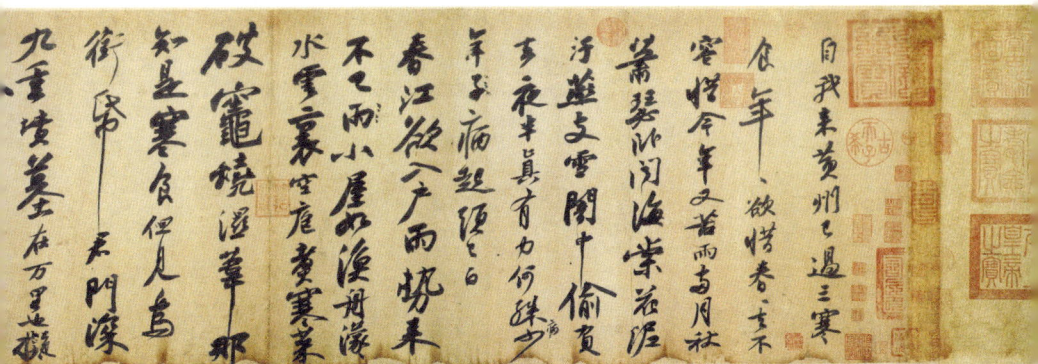

当然，从严格意义上来讲，苏轼所创制的"东坡肉"与现代"东坡肉"之间的区别还是比较明显的。但对于当时的苏轼来说，能将并不为人所喜爱的猪肉烹制成如此模样，已然是不容易了。为了表达自己对猪肉的喜爱，一有机会，苏轼便会用猪肉做一番比喻。

一次，在写给朋友陈襄的一封信中，苏轼将自己的平生所学比喻成猪肉，而将陈襄的佛学造诣比喻为龙肉。他认为猪和龙自然是存在差距的，你（陈襄）整天说要吃龙肉，在我看来，倒不如我吃猪肉好，既能品其美味，又能填饱肚子。

正是凭借着苏轼的钻研琢磨，大宋百姓才能吃到味美价廉的"东坡肉"，猪肉美食才逐渐在大宋美食界站稳脚跟。

大宋诗人不仅写诗，
还是美食"带货主播"

苏轼爱琢磨肉食，也爱吃肉食，吃过之后还会赋诗歌咏一番，生怕他人不知道自己所食之美味，前面提到的《猪肉颂》就是一个典型例子。除了歌咏猪肉外，苏轼还歌咏过吴地的炒肉片、广州的花鸡粥，以及扬州的醉鱼、醉蟹等美食。

以现代传播学视角来看，苏轼在当时俨然成为大宋饮食界的"带货主播"，带动并影响着大宋百姓的饮食品味。要说"带货主播"，除了苏轼之外，大宋美食界还有一位代表人物，他就是陆游。

在美食品味上，陆游与苏轼有不同之处，又有相同之处。苏轼爱吃肉食，而陆游偏爱素菜；苏轼吃高兴了喜欢对美食歌咏一番，陆游则在美食的刺激下获得了颇多文学创作灵感。

陆游与苏轼一样，也喜欢自己下厨做菜，以他当时的生活条件来说，想要吃得好、吃得饱是并不困难的。但陆游并没有像苏轼一样，沉迷肉食无法自拔，正相反，他倒是对大宋的素菜美食颇为中意。

宋代的蔬菜烹制技巧已经达到了较高水平，当时的蔬菜菜肴品种有一百多种之多。周密在《武林旧事》的"菜蔬"一卷罗列了如辣瓜儿、藕鲊、笋鲊、糟黄芽、糟瓜齑等20多种素菜；林洪在《山家清供》所录一百多种菜品中，绝大多数也是素菜美食，如柳叶韭、元修菜、荠菜等。

即使是同一种蔬菜，在不同时节时可以制成的菜肴也是有所不同的。宋人会在适当时节选用植物的不同部位，同时配以各式调味品，增加素菜美食的味道。一些素菜还经常会与肉类搭配烹制，滋味更为独特。

除了蔬菜外，豆腐也是当时较为流行的一种素食，在大宋小吃街上，随处可见用豆腐制成的小吃，如豆腐羹、煎豆腐、蜜渍豆腐等。

关于蜜渍豆腐，陆游在《老学庵笔记》中提到，仲殊和尚在做豆腐、面筋和牛乳时，多喜欢以蜜糖浸渍，这种蜜渍豆腐让很多食客不太适应，但苏轼却是个例外，只有他能和仲殊和尚吃到一起去。可见，这种蜜渍豆腐因为口味过甜，并不是每个人都能适应的。

虽然吃不惯蜜渍豆腐，但陆游对其他豆腐美食还是颇为中意的，他在《山庖》一诗中就曾写道"新春罢亚滑如珠，旋压犁祁软胜酥"，这里的"犁祁"指的就是豆腐。在陆游看来，用新鲜豆谷制成的豆腐要比乳酪还要嫩软，配上一些山中野菜，风味更是独特。

陆游与苏轼的不同还体现在写诗歌咏菜肴的方式上。苏轼歌咏菜肴的诗词简单直接，让人一看便能品得这道菜肴的滋味；但陆游却不会这样，可能是多愁善感的个性所致，陆游在歌咏美食时，会将自己的情感寄托在美食之中。

比如，陆游在《双头莲·呈范至能待制》中写道："空怅望，鲙美菰香，秋风又起。"这里的"鲙美菰香"指的是鲜嫩的鲈鱼与香甜的茭白，壮志未酬、怀才不遇的陆游本就悲苦忧愁，心中念想却又无法品尝到这两种吴地美食，又进一步增加了他的惆怅之情。

除了表达自己的惆怅，陆游还在诗词中赞颂了大宋的素菜美食。比如在《菜羹》中，陆游写道："青菘绿韭古嘉蔬，蕈丝菰白名三吴。台心短黄奉天厨，熊蹯驼峰美不如。"在陆游眼中，

宋 杨威 《宋代耕获图》

熊掌、驼峰这样的肉食美味倒不如吴地的白菜、韭菜、莼菜和茭白，既美味可口，又营养健康。

为了能够经常吃到鲜美的素食，陆游自己开辟了一处田园，专门种植各类蔬菜。他用"白苣黄瓜上市稀，盘中顿觉有光辉"的诗句，展现出收获自种蔬菜的喜悦；又用"菜把青青间药苗，豉香盐白自烹调"的诗句，展现出自种蔬菜、自烹美食的乐趣。

到了晚年时，陆游又喜爱上了粥和甜羹。在各式粥品中，除淡粥、菜粥之外，他认为豆粥的味道最为独特。而在诸多甜羹之中，各类蔬菜混煮在一起的杂菜羹最受陆游喜欢，他还专门为此写了一首名为《甜羹之法以菘菜山药芋莱菔杂为之不施醯酱山庖珍烹也戏作一绝》的诗作来专门歌咏这道甜羹。

陆游关于素食的诗作还有很多，他将自己的诸多情感寄寓在各类菜肴之中，为这些菜肴赋予了更多的文化味道。相比于苏轼"夸耀式"的美食宣传手法，陆游以这种润物细无声的方式将大宋美食流传到了现代。

第三章 住

房产中介成大爷，
买房卖房要看他们脸色

　　"人多地又少，北宋的房价肯定低不了"，这种论断符合一定的经济规律，但说得并不够全面。北宋的房价确实很高，可人多地少只是其中一个基本因素，还有一些其他因素推动着北宋房价朝着人们触不可及的价位"狂奔"。

　　在"人多地少"这一因素之外，满大街到处推销的房产中介人"牙保"也是推动房价上涨的一大因素。这些人之所以能够影响到房价涨跌，还要从宋朝的一项法律法规说起。

　　《宋建隆重详定刑统》（简称"宋刑统"）第十三卷规定："田宅交易，须凭牙保，违者准盗论。"这条律令是说，想要买卖房子和土地的人，必须要让牙保（中介）经手，私自买卖房子和田产的行为一律按照处罚盗贼的法律来处理。

　　按照这条律令的规定，无论是有房子的人，还是没房子的人，都要跟房产中介人搞好关系，因为没有他们从中操办，买卖房子这件事就很难办成。在这个过程中，手握大权的房产中介人会通过抬高房价的方式为自己谋利，如果卖房子的人不同意抬高房价，那这个房子也就别想卖了。

房产中介抬高房价这事，也并不是从宋朝时才开始的，早在魏晋南北朝时期，就已经出现了这种情况。《南齐书》卷五十二《崔慰祖传》就记载了崔慰祖与房产中介的一番对话：

房产中介："您这套房子打算卖多少钱？"

崔慰祖："四十五万吧。"

房产中介："您这报价还能再往下降一降吗？"

崔慰祖："一口价，不接受讨价还价！"

房产中介："您看这样可不可以，房子对外报价四十六万，成交后您到手四十五万，我留下那一万。"

宋　张择端　《清明易简图卷》　人多房少

崔慰祖："这怎么可以呢！我这房子就卖四十五万，我为什么要多说一万，和你一起欺骗别人呢？"

崔慰祖凭借着自己的耿直诚信，成功赶跑了房产中介，但赶跑了这个房产中介，还要去找下个房产中介，想要自己交易房产，那可是会触及律令的。

让房屋买卖双方自己来交易房产田地不是更便捷吗？为何朝廷非要让房产中介从中收一笔"好处费"呢？要弄懂这个问题，还要从东晋时开始征收的契税说起。

契税是针对田宅等不动产买卖而征收的一种税，自东晋开始，此后历朝历代都有征收。宋朝时各地的契税税率差别很大，有的地方能够征到15%~16%，有的地方却只征3%~4%，像北宋国都开封有时还会免征契税。

但免征只是一时的，征多征少对老百姓来说都是负担，为此，许多百姓为了逃缴契税纷纷私下交易田宅。征多征少对于百姓是负担，但对于朝廷可是实实在在的财政收入，哪个朝廷也不会看着这笔收入凭空消失，为此，北宋朝廷便想出了让房产中介来监督百姓交易房产这个法子来。

房产中介毕竟不是朝廷的官员，拿不到朝廷的俸禄，想要让他们监督百姓的房产交易，就要相应地给他们一些好处。这也就有了宋朝法律中"田宅交易，须凭牙保，违者准盗论"的规定，房产中介们也凭着这份"御赐"的招牌做起了"东拿西要"的勾当。

经过房产中介的一通操作，本就居高不下的房价变本加厉，尤其在北宋都城开封，人多房少的情况极为严重，这又进一步拉高了开封的房价。在北宋初年，一处普通屋宅售价在一千三百贯左右，装修稍显豪华的屋宅则要上万贯钱；到了北宋末年，普通屋宅的售价翻了几倍，豪华屋宅的售价更是达到了数十万贯。

这也难怪宋朝人感慨，开封田宅的价格已经和黄金相当，如果不是代代相传的有钱人，那在这里真是毫无立足之地了。

居高不下的房价困扰的不只是平民百姓，即使是在朝廷身居高位的官员，在开封也很难寻得一处合适的居所。北宋著名诗人欧阳修就因为买不起房，常年租住在简陋的出租屋中，要知道欧阳修在北宋已经做到了"知谏院兼判登闻鼓院"，这基本相当于现在的副国级官员，如此看来，北宋开封的房价还真是高得难以想象了。

宋 赵伯驹 《蓬莱仙馆图》

宋末"艺术迪士尼"，
徽宗的亡国花园

艺术家宋徽宗

施耐庵小说《水浒传》中，青面兽杨志在担任制使时押送"花石纲"，途经黄河时遇到风浪，"花石纲"因固定不牢掉入了黄河中，他也因为"花石纲"的丢失而被高俅罢官，要不是后来花了大量金钱贿赂上官，估计就连性命也可能不保。

说到这里有些读者可能就要好奇了，这"花石纲"是什么？怎么会这么重要呢？

首先我们要解释一下，"纲"是元明时期的说法，指的是有价值的东西，"皇纲"指的便是供给皇上的贡品、钱粮。

那么，所谓"花石纲"指的便是珍贵的花草树木、异物怪石，只不过在宋朝时还没有这个叫法。和小说一样，"花石纲"之永载史册，也是与徽宗皇帝分不开的。

宋徽宗赵佶本不在宋朝的皇位顺序继承体系之下，但阴差阳错地当了皇帝。徽宗皇帝十九岁继位，在那之前他一直是以艺术

家自居，也确实是一个成功的艺术家，这使得他在当上皇帝之后，依然没有放弃自己的艺术追求。在刚刚登基的前两年，他还能够做到广开言路、招贤纳士，也能够保持北宋皇帝一贯提倡的节俭。

然而，自从大宦官童贯引荐给宋徽宗被贬杭州的艺术家蔡京以后，宋徽宗的艺术情感就被点燃了。为了自己的艺术追求，徽宗可以一掷千金，他在首都汴梁兴建精美的私人园林艮岳，为此让官员四处为他寻找奇异的石头、漂亮的古树。上有所好，下必甚焉，也就是从这时候开始，北宋官员开始挖空心思讨皇帝的开心，进而流行起向皇帝进贡"花石纲"来。

艺术家宋徽宗对这些从全国各地搜罗来的奇石大加赞赏，以至于有一天他一高兴，居然册封了一块石头，给这块来自太湖的奇石封侯爵授玉带，封它为"盘崮侯"。在中国古代，王爵以下从高到低依次是公、侯、伯、子、男五个爵位等级，非皇姓不能有王，非开国不能有公，非奇功不能有侯，宋徽宗仅仅凭着自己的喜好就将一块石头封为侯爵，真不知道这块石头为他立下了什么汗马功劳。

建立不世之功才能被封侯爵，宋徽宗就因为一块石头长得符合自己审美就给封侯赐玉带，这让那些在战场上一刀一枪用性命搏功名的武将们怎么想？让那些天天为了国家鞠躬尽瘁的文臣们怎么想？

最美的皇家园林

宋徽宗听一个道士算命说，皇城东北角地势偏低，要把这个区域升高，可以保证后代香火昌盛，福寿绵长。听道士说完以后，无比迷信的宋徽宗开始了他装点皇城外东北部的行动。他把在全国各地搜罗来的奇石树木进行设计，又让人从全国各地抓来很多珍禽异兽。为了驱除蚊虫，又从各地收集上来大量的雄黄。为了下雨时候能体现出仙境的感觉，还大量使用了一种叫炉甘石的石头，这种石头和雨水碰到一起时会冒出白色的烟雾，犹如人间仙境。

宋徽宗一开始只想垫高皇城东北角的地势，到后来已然修建起一座遍布奇石古树和珍禽异兽的"皇家动物园"了。这位艺术家皇帝还给这座园林起了一个很好听的名字——"艮岳"。因为八卦中的东北卦就叫"艮"，还因为加高了这块地方，所以称之为"岳"，"艮岳"由此得名。

艮岳也成为我们中国传统文化园林的登顶之作，不管是圆明园还是颐和园都是综合性的皇家园林，只有艮岳是只给皇帝提供享乐和艺术创作的地方。

也许是冥冥之中自有天意，这位当时为徽宗皇帝算卦的道士确实说得没错，徽宗后代子孙颇多，据说共有三十多个儿子，二十多个女儿，只是，他的后福也就到此为止了。

艮岳建成之后没几年，金军灭辽之后南下，大宋一场刀兵之灾是在所难免了。公元1126～1127年，金太祖的儿子完颜宗旺包围汴梁城一年之久。城中百姓饥饿难耐，他们涌入艮岳杀了珍禽异兽带回家吃，守城士兵则把艮岳中的奇石搬到城楼用来砸攻城的金国将士。

即便是这样，在城破之时艮岳依然保有相当的规模，以至于最后金国大将完颜宗旺还能命人把艮岳中的石头搬到当时金国中都的一座湖中，建立起了一个岛屿，这个岛屿就是现在北京北海公园的琼华岛。

据说艮岳规模之大，光是承接拆除艮岳的商人私下里留存的雄黄就有十几万斤，其他珍奇的东西更是数不胜数。据说这个拆除工程做完以后，这个商人回到家里富甲一方。单从这里，我们也能看出艮岳在建造时花的钱财人力真的是不计其数。

有宋一朝，最精美的皇家园林就这样灰飞烟灭了，它也可能是中国历史上最富有艺术气息和艺术审美的庭院。能与之媲美的，可能只有我们当代那个完全依靠想象力缔造出来的"迪士尼乐园"，所不同的是，迪士尼乐园是成百上千设计人员的心血，而艮岳只是宋徽宗一个人的创意，这样看起来，似乎还是艮岳更厉害一些。

明　张居正　《彩绘帝鉴图说·应奉花石》

大宋商贸中心在寺庙，
居然还卖酒肉

大相国寺的由来

今天的中国人已经习惯了周末去逛购物中心，以至于哪个城市如果没有几个购物广场，就仿佛这个城市没有经济生活一样。然而读者肯定不知道，早在一千多年之前的宋朝首都汴梁，大宋子民就已经拥有我们今天这种商业聚集的购物中心了，只是这个购物中心的位置有点特殊——大相国寺。

提到大相国寺，我们最熟悉的可能就是《水浒传》中"鲁智深倒拔垂杨柳"的故事，但真实的大相国寺可是要比这出名的多。今天我们读宋人的笔记小说中，提到大相国寺的文字比比皆是。

例如，真宗朝宰相寇准未发迹时，就曾到大相国寺游玩，还偶遇一个相师摆摊，并免费为他算了一卦；大才子黄庭坚在大相国寺"淘宝"，捡漏淘到一册宋祁的《唐史藁》，"归而熟观之，自是文章日进"；李清照在晚年回忆时，最怀念的便是当年和丈夫赵明诚一起逛大相国寺的时光……

　　明明是一个应该远离繁华的佛寺，为何却成了汴梁城最热闹的所在，这还要从大相国寺的由来开始说起。

　　大相国寺始建于北齐，在北周时即成为皇家寺院，宋朝建立之后沿袭了北周的做法，给予大相国寺特殊的地位，并对寺院进行了进一步的扩建。经过扩建后的大相国寺占地五百余亩，寺院由山门、钟鼓两楼、天王殿、大雄宝殿、八角琉璃楼、藏经阁、大师堂等部分组成，下设64个禅院。要知道，我们现在的北京国家体育中心的占地面积也就只有三百多亩，可见当时大相国寺建筑规模之浩大。

　　因为是皇家寺院，大相国寺历任方丈主持都由宋朝政府指派，因而也就成了皇家、官府进行佛事的"指定场所"。因为有政府背书，民间佛事也逐渐向大相国寺转移，因而也就形成了大相国寺"香火不断"的场面。

购物中心的"一站式服务"

　　"香火不断"必然"人声鼎沸"，在攒动的人头中，商人们率先看到了商机，因而大相国寺周边开始出现大量的商贩，商贩

进而变成商铺，商铺变成"商业一条街"，大相国寺"购物中心"就这样形成了。

大相国寺"购物中心"是从山门前的广场开始的，全国乃至海外的各种珍禽异兽和奇珍异宝都集中在这里，在当时，不光是百姓喜欢逛大相国寺，一些官员和王公贵族也经常来这里寻找喜欢的商品。

宋哲宗的驸马王俊卿、当时还是端王的赵佶，以及宰相王安石、章惇等都是这里的常客。他们苦苦寻找的"奇珍异宝"在这也都可以找到。

跨过山门继续往前走便来到山门和二道门之间的一个小广场，在这里，百姓日常所需的生活用品一应俱全，从针头线脑到锅碗瓢盆，再到衣服鞋子布匹，应有尽有。由于这里的商品种类太多，但场地有较为有限，所以有些商品也会被分配到更里面的三道门广场上售卖。

三道门广场在大雄宝殿前面，这个广场是整个大相国寺"购

宋　《妙法莲华经》

物中心"占地面积最大的区域,这里会卖一些弓箭兵器、时令水果和蔬菜,还会有一些干果蜜饯之类的小吃。

整个"购物中心"越靠近大雄宝殿的摊位,生意就越好,相应地,租赁摊位所要支付的费用也就越高。当时比较有名的店铺摊位,如孟家道冠、王道人蜜煎、赵文秀的笔和潘谷墨常常会争抢这些摊位。

在广场两旁的门廊处,还会售卖禅院、别院的僧尼们用业余时间缝制的手工艺品,这些世外修行人士所制作的手工品用料比较扎实,做工也更为细腻,算是当时大相国寺的品牌文创产品。

当然,汴梁人的生活不只有衣食住行,如果想让生活得到升华,给家里增加点"仪式感",人们还可以绕过大雄宝殿继续向后走,后面是北宋的文人骚客们最喜欢的地方,这里有名家墨宝、文玩古籍、文房四宝。

当人们逛了一圈下来,觉得口渴肚饿,这时候便要找个地方歇歇脚、喝口茶、吃点东西了。为了体现大相国寺"购物中心"一站式服务的宗旨,美食街自然也是不可缺少的。

读者可能会想了,佛教寺院内吃的东西无非就是蔬菜、豆腐之类的素食,甚至连葱姜蒜这种味道重一点的都不见得有,那可就错了。在大相国寺不但有美味的素斋可以吃,还有一个叫"烧朱院"的地方专门用来"打牙祭",好多达官显贵们都喜欢来这里请客吃饭。可见这个烧朱院的烹饪技艺之高超。

如此庞大的规模和繁荣的商业,让人不禁感叹宋朝经济之发达,宋朝人生活之丰富。

大宋"星巴克"里
都有些什么

《东京梦华录》中，汴京但凡是人群聚集的街巷，我们都能看到茶坊酒肆这四个字，《梦粱录》也记载临安"处处各有茶坊"。酒肆很容易理解，就是喝酒的地方，那么茶坊又是什么地方呢？是不是今天的茶楼呢？

《东京梦华录》记载："旧曹门街北山子茶坊，内有仙洞、仙桥，仕女往往夜游吃茶于彼。"官宦女子往茶坊聚集是做什么事呢？想来应该就是进行一些社交活动。所以，茶坊在宋朝就是一个饮茶社交的地方。

只不过，不像我们今天茶楼那样雅致，宋朝的茶坊除了接待官宦女子之外，更有上至达官贵人，下至贩夫走卒的整个社会阶层的光顾，因此如果比照今天的社会，茶坊其实更像是咖啡厅、奶茶吧。

中国人饮茶历史悠久，但茶真正走入平民阶层，成为当时普通百姓家庭不可缺少的生活必需品，是从宋朝开始的，开门七件事"柴米油盐酱醋茶"也是从那个时期正式确立的。

宋人饮茶不像今人以开水冲泡茶叶,而是将茶叶研成末,再以开水冲之,"碾茶为末,注之以汤,以筅击拂",这叫作"点茶"。宋人点茶,对茶末质量、水质、火候、茶具都非常讲究。今天的日本抹茶就是从宋朝点茶"山寨"过去的,日人《类聚名物考》也承认,"茶道之起……由宋传入"。由此我们可以看出日本人所引以为傲的"茶道",也是从我们中国学习过去的。

除了"点茶"之外,当时还流行一种交流性更强的喝茶方法叫作"斗茶"。斗茶一般是三五好友聚集在一起,每个人将自己带来的茶叶用自己的手法冲泡,融入自己对茶道的理解,互相品

宋 刘松年 《茗园赌市图》

评。由此可见，斗茶不仅是喝茶，更是一种社交方式。

台北故宫博物院存放的宋朝画家刘松年的《茗园赌市图》，就记录下了宋朝时期人们斗茶的场景。画中几个茶贩围坐在一起，用斗茶的方式来区分各家所卖茶叶的优劣。其中的刻画惟妙惟肖，让人身临其境。

据各种史料记载，因为茶在宋朝的普及度颇高，因此开封的大街小巷遍布了各种各样的茶坊，这一点在张择端的《清明上河图》一画中可以清晰看到。而到了南宋，偏安一隅的政府更加靡靡，享乐之风盛行，茶坊的生意便只好不坏，临安的茶坊较之于开封那可是有过之而无不及的。

茶坊在当时的宋朝，不单单是让人喝茶歇脚的地方，也是一些牙行谈论生意的场所，清雅之士们相互展示才学的舞台，富户公子达官显贵们争风吃醋的风月场所。

也正因为如此，茶坊的经营者们为了更好地招揽顾客，都进行了一些个性化的市场定位和特色经营。有的茶坊专供高端人群，茶坊里悬挂真品名人字画，用的茶具也很是讲究，处处透露着贵气。有的茶坊应茶客需要，招来歌妓来陪着喝茶聊天，歌舞一番；也有卖唱的江湖艺人在茶坊中穿梭，茶客点了曲子他们站在边上演唱，听完后给些银钱做小费。更有甚者，有些茶坊开始在招牌上下功夫，起一些诸如"朱骷髅茶坊"的怪称，类似于今天的商标，以此来吸引眼球，也往往能够取得不错的推广效果。

总之，在当时的宋朝，茶坊已经不是简单的功能性场所，已然成为宋朝人城市生活中不可缺少的一部分。

大宋"青年旅社"，
穷游者落脚在寺庙

　　花最少的钱欣赏到最多的风景，这是大多数现代"穷游者"的心理。他们有的选择在交通工具上省钱，有的选择在吃喝穿住上省钱，能不花钱的地方决不花钱。尤其是在"住"这件事上，穷游者们更是能省则省，有青年旅社决不住酒店宾馆，没青年旅社就在户外搭帐篷，没地方搭帐篷，就在24小时营业的餐厅、机场、客站凑合一晚。

　　这样来看，现代"穷游者"的心理与宋人"穷游"时的心理还是颇为相似的。虽然宋朝还并没有"穷游"这一概念，但许多平民百姓、士人行者确实是在践行着穷游的准则。在"住"这一方面，宋代"穷游者"向来不太担心，因为当时有很多寺庙道观都可以供他们住上几晚。

　　在宋代"穷游者"群体中，进京赶考的士人是最中意寺庙道观的，有的时候即使手里有朝廷发放的驿券，他们也不会去住驿馆，而是专门寻找清幽宁静的寺庙道观住下。

　　洪迈在《夷坚志》中便写过士人寄宿寺庙的故事，故事中这位姓王的书生为了准备科举考试，前往证果寺借宿。这个证果寺虽然偏僻，倒也清幽，丝毫没有车马的喧嚣，书生选择这里正是为了借助寺庙的清幽以潜心读书修业。

　　士人们穷游山林，借宿寺庙，读书修业，在唐朝时就很流行。只不过，唐朝士人所借宿的寺庙多是那些离都城较近、名声较大的寺庙，它们并不比都城客栈清静多少，而宋代士人更多地依据自己进京赶考的路线选择偏僻幽静的寺庙借宿。

　　对于进京赶考的书生们来说，借宿寺庙除了为了潜心读书外，有时还有一些别的考量。叶绍翁在《四朝见闻录》中曾记载过这样的故事：

　　两位书生在参加礼部考试时，专门跑到江郎庙借宿。二人并没有一开始就借住在江郎庙，而是先在庙附近的客栈落脚，后再进入江郎庙中过夜。既然有钱住客栈，二人为何还要多此一举夜宿寺庙呢？

　　原来，他们这样做是为了"谒梦"，就是希望江郎庙祭祀的神灵能够托梦给二人，让他们知道自己未来的仕途如何。看样子他们借宿寺庙并不是因为没钱，

宋　赵佶　《祥龙石图》

而是想要求得神灵庇佑。那些借宿在寺庙中的书生们是否在梦中见到了神灵，我们不得而知，但从当时流传下来的一些故事来看，这些书生们遇到神怪鬼魅的可能性应该会更大一些。

从史料记载来看，宋人并没有被寺庙中流传的神怪鬼魅的故事吓到，除了进京赶考的书生会借宿寺庙，那些想要体验山林乐趣的官员们也会将寺庙作为自己行旅路途中的一个落脚点。

有的官员是在赴任途中住进了寺庙，有的官员是在出差途中住进了寺庙，这两类官员在入住寺庙时的心情应是颇为不错的，从充满压力的中央官场出来透透气，选择环境清幽的山林寺庙是最好不过的了。但也有一些情况，官员们入住寺庙时的心情却并没有那么好。

那些遭到贬谪的官员初到贬谪地时，往往会选择寺庙作为落脚点，此时寺庙的环境虽然仍很清幽，但官员们的心情就没有平时那么舒畅了。这一点屡遭贬谪的苏轼应该是深有体会的，在被贬到黄州之初，他便定居在定慧院，与院中僧侣同吃同住；在被贬到惠州时，他又在嘉祐寺住了半年之久。

现代影视作品中，供行旅借宿的寺庙大多是像兰若寺那样破烂不堪，但从实际情况来看，宋代的寺庙建筑在装饰和舒适程度上并不比客栈馆驿差多少。一些寺庙在改建、扩建时，除了对基础功能进行维护，还专门开辟了供来客和士人留宿的院落，极大提升了行旅之人借宿的体验。

对于那些喜欢穷尽山林之乐的宋人来说，在"山重水复疑无路"之地突然出现一座可以借宿的寺庙，那真算得上是绝佳的旅行体验了。

按摩、桑拿一条龙，
大宋的洗浴中心

　　苏东坡有一首词作叫《如梦令·水垢何曾相受》，其中写道："寄语揩背人，尽日劳君挥肘。轻手，轻手。居士本来无垢。"这句词讲的是什么呢？是一次让他哭笑不得的搓澡体验。原来苏轼在搓澡时，搓澡师傅的力气比较大，给他搓得很疼，所以苏轼先生就用了一个很文人的方式来记录下这个有趣的时刻。

　　苏轼、搓澡，这看似很不搭边的两个词，是怎么联系在一起的呢？这就不能不说一个宋朝人喜闻乐见的消费场所了——香水行。

　　如果你走在宋朝开封的大街上，会看到一些店铺门口挂着大壶，这些挂着大壶的店铺其实就是宋朝的洗浴中心——香水行了。

　　为什么宋朝人把洗浴中心叫作香水行呢？因为宋朝人颇为文雅，做事都喜欢仪式感，喜爱洁净，洗浴用的水称为"香水"或是"香汤"，所以洗浴中心就叫香水行。

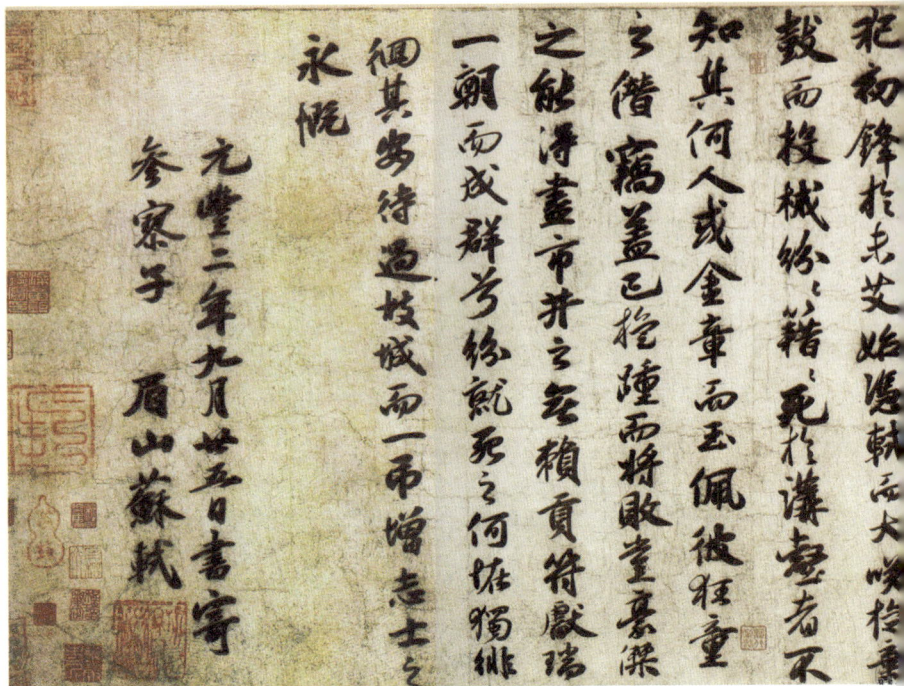

那么你肯定会想，以苏轼的身份，他经常光顾的地方肯定是那种高档消费场所，普通老百姓是消费不起的。其实不然，香水行看着名字很"高大上"，但本质就是现在我们俗称的大众浴池，消费一点也不高。

那么，香水行如何消费呢？首先，我们要找一找哪条街上有香水行。香水行需要充足的上下水条件，因此一般都设立在河道或沟渠附近，便于排水。

找到香水行以后，我们要登记、拿号牌、换衣服，然后便可以进去体验了。

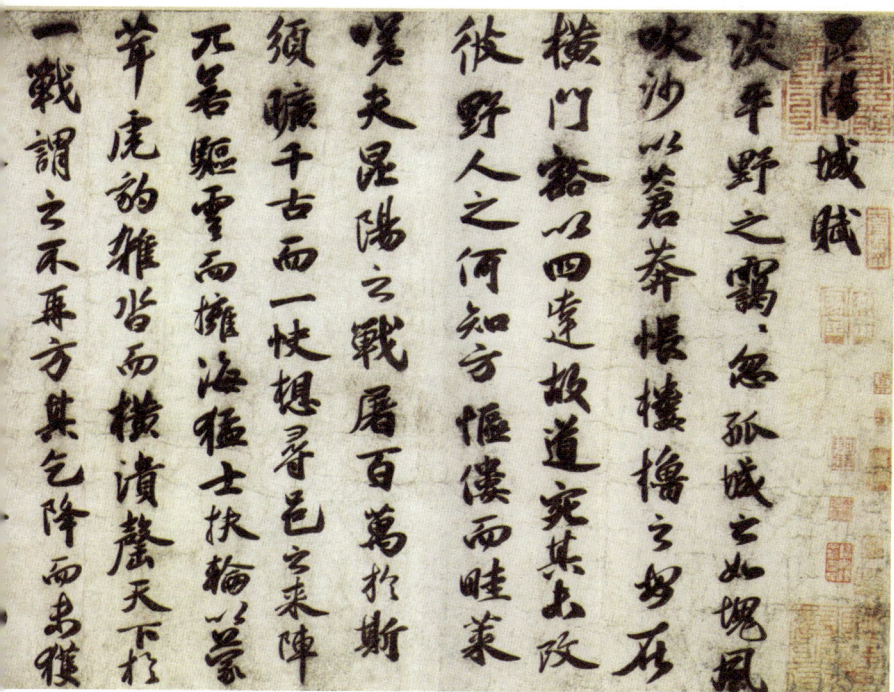

　　泡"香水"之前，宋朝人喜欢在盆里把身体先冲洗一下，初步清洗干净是为了不影响同在一起泡澡的人的感受。在宋朝人看来，泡香水时如果发现谁的身上有明显的脏东西，那可是很让人觉得不爽的，而被发现的人也会觉得丢脸。

　　进入池子之后，我们会发现这一池热水颜色并不清澈，而且散发着浓浓的中药味。这是因为池子中会放一些硫黄和中药丸散，这些添加物会散发出浓郁的香味，这就是为什么"香水"也叫"香汤"的原因。

　　在泡澡的时候，大家可以谈天说地，之前的蹴鞠比赛、相国寺的珍禽异兽，或是听说米芾最近又在皇帝面前做了什么让人大跌眼镜的事……聊完这些，也就泡得差不多了，有钱的人便找揩背人（也就是当时的搓澡师傅）仔细地搓一下，清洁自身并舒筋活血。

元 赵孟頫 苏东坡像

泡舒服了，也搓干净了身上的污垢，就要去香水行冲洗的区域冲洗了。把搓下来的污浊之物冲洗干净后，再用香皂涂遍全身，然后用清水冲洗干净就好了。

有的读者就好奇了，香皂不是近现代才有的吗？宋朝怎么会出现？没错，香皂在宋朝时就有了，那时候的香皂叫肥皂团，是用皂角加上一些中草药和香料混合而成的。《武林旧事》中记载，南宋京都临安已经有了专门经营"肥皂团"的生意人，还有一个故事说，有穷人到临安做乞丐，没有见过肥皂团，便有好事者买来肥皂团骗穷人吃下看人笑话。

冲洗干净了，就可以去

休息区找个空位，要上一壶茶，一边品茶一边休息。如果再有需要，还可以吩咐堂倌去附近的饭店要些简单的吃食送来。泡舒服了，洗干净了，肚子饱了，也休息好了，再出去和人聊聊这些天在开封见到、听到的趣事，聊累了再美美地睡上一觉，睡醒了我们也就知道为什么宋代文人也喜欢这里了！

南宋洪迈的笔记《夷坚志》补卷记载，"姑往茶邸少憩，邸之中则是浴室也"，这说明了当时的临安市民喝茶洗浴是享受一条龙服务的，跟现在的洗浴中心相差不大。

《马可波罗游记》中也有类似的描述："当时的临安城是天堂，街道都是用石板铺地，全城到处可见冷热澡堂，供百姓沐浴之用。"对比当时欧洲霍乱横行的肮脏的城市环境，马可波罗看到遥远的东方居然有这种清洁舒适的所在，也就难怪会将临安赞叹为"天堂"了。

由此可以看出，不管是苏轼诗中描写的北宋开封，还是马可波罗游记提到的南宋临安城，都是满街可见香水行的存在，宋朝的老百姓真是又爱干净又会享受！

第四章 行

繁华也拥挤，
北宋治堵看运气

　　北宋都城的繁华景象，一幅《清明上河图》是无法说尽的，但如果搭配上孟元老的《东京梦华录》，这座世界级繁华大都市的繁华景象就会清晰很多了。

　　《清明上河图》中描绘的景象并不是对北宋市民生活的实景写生，而是作者对整个城市日常生活场景的艺术化描绘。《东京梦华录》则详细介绍了北宋开封的风俗人情，主要记述了宋徽宗在位期间开封府的繁华景象。透过这两部作品，我们就能对北宋都城开封有一个详细的了解。

　　在《清明上河图》中，张择端所描绘的北宋开封景象大致可以分为三个部分，一部分是开封城郊的田野风光，一部分是汴河沿岸的生活景象，还有一部分是城门内外的街市景象。在五米多长的画卷中，有超过五百多个角色登场，牛、马、车、船在画卷中也是随处可见，除了这些生动的形象外，房屋、桥梁、城楼等开封建筑也是各具特色。

在画作的汴河部分，我们可以看到河道两岸人烟稠密，粮船往来不绝，人们有的在茶馆休息，有的在饭馆用餐，船上的船夫，地上的货商，都在忙着自己的生意，只有那往来的闲人如"探宝"般四处闲逛。

根据孟元老在《东京梦华录》中所述，汴河从"西京"洛阳流入开封，向东到达泗州，最后汇入淮河。从东南地区运来的所有货物钱粮，都要经过这条河才能运入开封。在这条河上有十三座桥，其中最引人关注的就是东水门外七里处的虹桥，这座桥与其他桥有些不同，它是一座拱桥，下面没有一根支柱，就像一条彩虹一样横跨汴河两岸。

被孟元老赞美的这座虹桥，到了张择端的笔下，变成了一处标志性建筑，成为整幅画作的中心内容。

虹桥的桥面是非常宽的，而且是左右双向通行，按理说应该不会出现过度拥堵的情况。但从《清明上河图》中可以看到，虹桥上人流拥堵的情况丝毫不亚于北京西站的候车大厅外旅客等待进站的情况。为什么会出现如此拥堵的情况呢？

这就不得不说商贩占道经营的问题了，北宋开封府的街道规制本就没有唐长安城那般规整，在坊市制度被打破后，商业区与居民区彻底混在一起，百姓们沿河设市，临街开铺，到处都可以看到做生意的人，就连沟通汴河两岸的虹桥上，也出现了做生意的商贩。

沿河设市、临街开铺，只要是没太过影响行人通行，北宋朝廷也就睁一只眼闭一只眼了。但把铺子支到桥上，影响行人正常通行，这就有些过分了。

在《清明上河图》中，虹桥之上，两队相向而行的车马便纠

宋　张择端　《清明上河图》（局部）　"虹桥上人流拥堵"

缠到一起，这边是坐轿子的人，那边是骑马的人，双方的家仆互不相让，都让对方"靠一边去"，张择端将故事定格在这一画面，为后世观者留下了不少悬念。同时这一场景也印证了商贩侵街在北宋开封确实已经成为一种普遍的现象，这可以看作是开封府繁荣的象征，也可以作为开封府道路拥堵的佐证。

　　鉴于这一问题确实严重，一位官员曾上书宋仁宗说道："汴河桥上现在都是摆摊做生意的，这些人不仅会妨碍行人车马通行，还会损害桥面道路。"宋仁宗也是颇为注重这一意见，很快便下令禁止百姓在开封的河桥上盖铺占栏，影响交通。看样子现代城市治理的难题，早在北宋时期就已经凸显出来了。

　　除了商贩占道经营，人口过多也是导致开封府交通拥挤的一大原因。

　　根据《宋代东京研究》所述，北宋开封府由宫城、里城和外城构成，其中宫城是皇帝及后妃居住的地方，规模相对较小，布

局也较为紧凑，所有皇室宫阁都集中于此；里城又被称为阙城，位于宫城之外，是北宋建立之前便存在的旧城，其城墙和城壕多已荒废；外城又被称为罗城、新城，建于后周世宗时期，北宋曾多次对其进行增修，将其作为守护京都的屏障。

而根据《宋会要》记载，在公元1021年，也就是宋真宗天禧五年时，北宋开封城内10厢共有97750户人口，如果每户按照5人来计算，北宋开封城内的人口大约48万人。这还没有计算外城之外的人口，如果按照《宋代东京研究》中的估算方法来计算，北宋开封的总人口数最多时达到150万人。

如此庞大的人口数量，在为都城带来商业繁荣的同时，也带动了社会生活的全面发展。但从另一方面来讲，人口过多所带来的城市管理难题也成为北宋管理者的一大困扰，在较长的统治时期内，北宋统治者都在面对这一问题，但很多时候却也束手无策。

有便宜谁不占？
宋人也用消费券

现在的商家们为了招揽顾客、刺激消费，经常举行一些打折促销的优惠活动，发放各种各样的消费券。其实，我国早在宋朝时期就已经有消费券了。

宋朝一向被称作中国历史上最自由富足的朝代，宋朝人出行虽然不能扫码支付，却可以用消费券抵扣旅行所必需的吃、住花销。

现代人旅游、出差，第一件事就是在各种平台上搜索当地的酒店并下单。其实宋朝人也会做类似的准备。如果是官员出差公干，那政府就会发给他们一种叫"驿券"的消费券。

驿券是宋人出行时乘用车马、居住驿站、使用夫役的凭证券。驿券并非宋人发明，早在唐朝时期，驿券就已经普遍应用于驿递之中了。宋朝文人吴处厚在其《青箱杂记·驿券》中记载："唐，以前馆驿并给传往来，开元中，务从简便，方给纸券。驿之给券自此始也。"在唐朝驿券的基础上，宋代将这种消费券进一步制度化、规范化。《宋史·职官志十二》中便有"赴福建、广南者，所过给仓券，入本路给驿券，皆至任则止”的说法。

除了驿券外，馆券也是宋代政府免费发放给官员的消费券。《宋史·礼志二二》中便有“又出班谢面天颜、沿路馆券、都城门外茶酒”的记载。

看到这里，相信不少人会有这样的疑问：宋朝官吏有消费券，那老百姓有吗？当然，宋朝的老百姓算是所有封建王朝中最富足的了。南宋时期的文人李焘在其所著《续资治通鉴长编》中，记载了这样一段话：“在成都凡再岁。始，张咏以券给贫民，令春籴米、秋籴盐。岁久，券皆转入富室。绛削除旧籍，召贫民别予券，且令三岁视贫富辄易之，豪右不得逞。”

这段话描述的主人公是张咏，他在任益州知州期间，曾给当地贫民派发了消费券。居民可以凭借消费券购买粮米调料，由政府买单。可是，这些消费券大多被富人夺走，让张咏颇为苦恼。后来，他升任成都知府后，对消费券进行了改革。他根据居民家庭收入水平制定出贫民册，按照贫民册重点发放消费券，且规定每三年调整一次贫民册。

其实，宋代发明的纸币“交子”，在某种程度上也跟消费券差不多。

宋朝之前，人们买东西都要用铜钱进行交换。到了唐朝末年，各地都因战乱苦不堪言。可打仗除了耗费生命外，还很耗费钱。

随着国库日渐亏空，朝廷想出了一个存钱的“好办法”，那就是在铜钱上做手脚。朝廷做了一大批缺斤少两的铜钱，这批铜钱流通到市场后，造成了物价的进一步上涨。老百姓只能把旧的铜钱藏起来，然后用朝廷的劣质铜钱买东西。

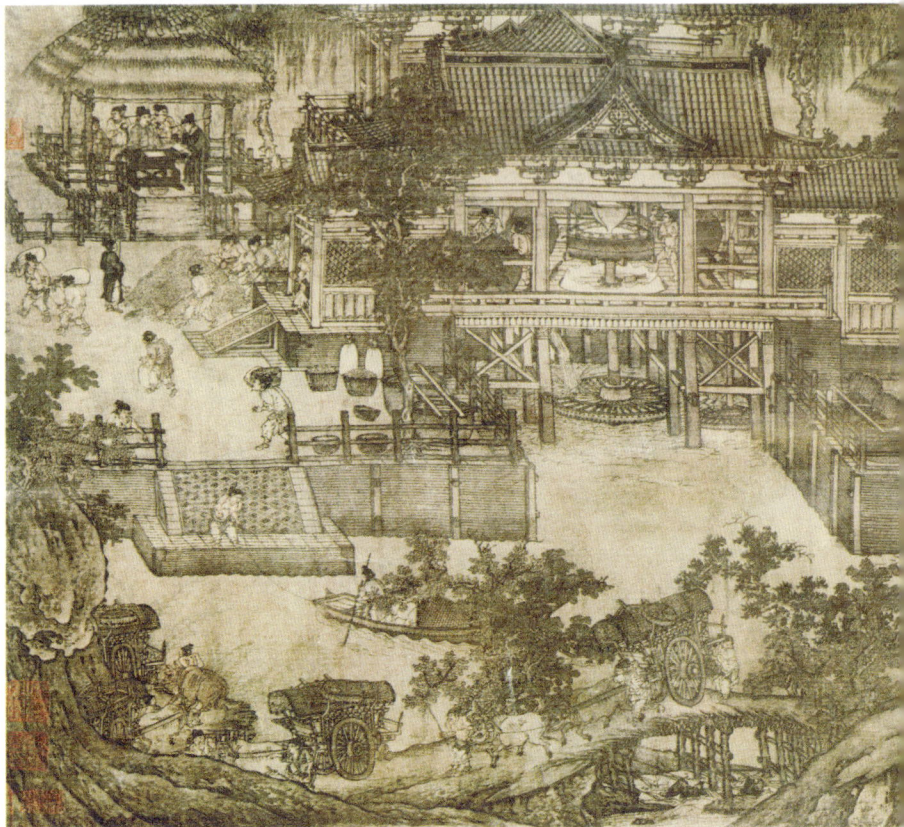

宋　卫贤　《闸口盘车图》

　　到了北宋初年，统治者发现铜钱数量大大减少，铜的数量也明显不够。于是，"交子"出现了，起始其作用相当于有使用期限的消费券，超过使用期限，那这张券就要作废。从"交子"这种消费券看宋朝，我们不难发现宋朝人还是相当有经济意识的。

　　其实，不管是古代还是现代，消费券作为一种经济政策工具，在人们生活中发挥着重要作用。

打卡网红旅游景点，
宋人也爱写游记

有趣的游玩笔记

不知何时起，翻阅旅行游记成了现代人踏上旅程前的必要准备。在出行之前，先查阅几篇游记，看看景点游玩攻略，有的放矢地去游玩，会获得更好的游览体验。在游玩过程中，如果有什么新奇的发现，记录整理下来，待游玩结束后写成游记再分享给别人，在这种互动过程中，游览景区的体验在无形间被延伸，从另一种角度来看，这也是一种游玩的乐趣。

宋朝人在出游前很少查看景点游玩攻略，但他们中的很多人都乐于写游记分享自己的游玩体验。那些记事、写景、抒情的文字除了能够展现出当时的游玩场景，还可以表达出作者当时的心境与态度。那么宋人都留下了哪些有趣的游玩笔记呢？

欧阳修的《醉翁亭记》和苏轼的《石钟山记》是宋人散文笔记的杰出代表，与《石钟山记》相比，被要求让学生全文背诵的《醉翁亭记》对现代人的影响显然要更大一些。文章通过描写滁州山间四时朝暮景色的变化，以及自己和当地人游览的乐趣，表现出欧阳修闲适的情调，以及自己治理滁州的政绩。

既有写景，又有抒情，这种表情达意的高水准游记也就只有宋代的士大夫们能够写得出来。实际情况也正是如此，宋人的散文游记有很大一部分是对文人因其官僚身份所带来的公务出行内容的记述（这种公务出行也被称为"宦游"），很少有专程去旅行的情况。也有一些是在公务出行的大行程中衍生出来的独立行程，比如范成大在返回苏州的旅程中曾顺路去峨眉山游览了一圈，这种也可以归到公务出行之中。

相比于欧阳修和苏轼这两篇针对具体事物展开描写的短篇游记，宋代的长程游记似乎更符合现代人对旅行游记的期待。若论宋代的长程游记，陆游的《入蜀记》和范成大的《吴船录》是不得不提的佳作。

陆游在《入蜀记》中记录了自己近五个多月的出行故事，他将在日常旅行中所见的自然景观、风土人情详细记录，并以一种艺术性的语言进行议论点评，颇能引人入胜。

在写到游览池州一段时，他援引北宋灭南唐的历史，提到池州作为战略要地，不可不设防；写到游览常州一段，见到梁文帝陵时，他又生出兴亡沧桑之感。陆游俨然将一部旅行观光游记写成了考古评史的著作，这使得《入蜀记》不仅具有艺术鉴赏之美，还颇具历史文化价值。

范成大的《吴船录》记述的是他从成都启程，沿水路向东，去往临安这段旅程中的故事，旅行时间恰好也是五个月。在游记中，范成大对自己游览的各处名胜古迹记述得尤为详细，峨眉山、乐山大佛、洞庭湖、黄州、庐山都成了他笔下的重要景物。

正如前面所说，宋代文人的游记所记录的多是自己"宦游"过程中的经历，记述专程游玩出行的游记并不多。除了这类"宦游"游记外，宋代官员在出使外国时也会写旅行游记，相比于"宦游"游记的有感而发，使外游记更多是出于完成朝廷下达的任务。

新奇的异国游记

与国内游相比，出国游的所见所闻显然要更为丰富、更为新奇，以此为基础所写成的游记应该也会更为有趣一些。由于两宋时期对外交往的频繁，宋代异国游记的数量也相对较多，其中比较有影响力的有王延德的《高昌行纪》、楼钥的《北行日录》，以及范成大的《揽辔录》和周辉的《北辕录》。其中，王延德的

宋　李嵩　《西湖图卷》

《高昌行纪》是宋代最早可见的使外游记。

公元981年，高昌国遣使来宋朝贡，宋太宗派遣王延德与使者返归高昌，并于公元984年四月复归汴京。在这趟行程中，王延德记述了行路过程中各地的不同风俗人情、生态景观和交通状况，尤其对高昌国的各个地区进行了详尽又细致的描述。

在这部游记中，王延德还着重对高昌国所保存的中国文物进行了记述，比如他发现了许多唐朝赐予高昌国的寺庙，这些寺庙中还藏有《大藏经》《唐韵》《经音》等汉书，唐太宗和唐玄宗的诏书也被妥善保管在敕书楼之中。

相较于王延德作为上朝使臣出使他国的经历，楼钥出使金国的经历显然要更为复杂。他于靖康之变后重归北宋故土，至少在情感上要复杂纠结很多。

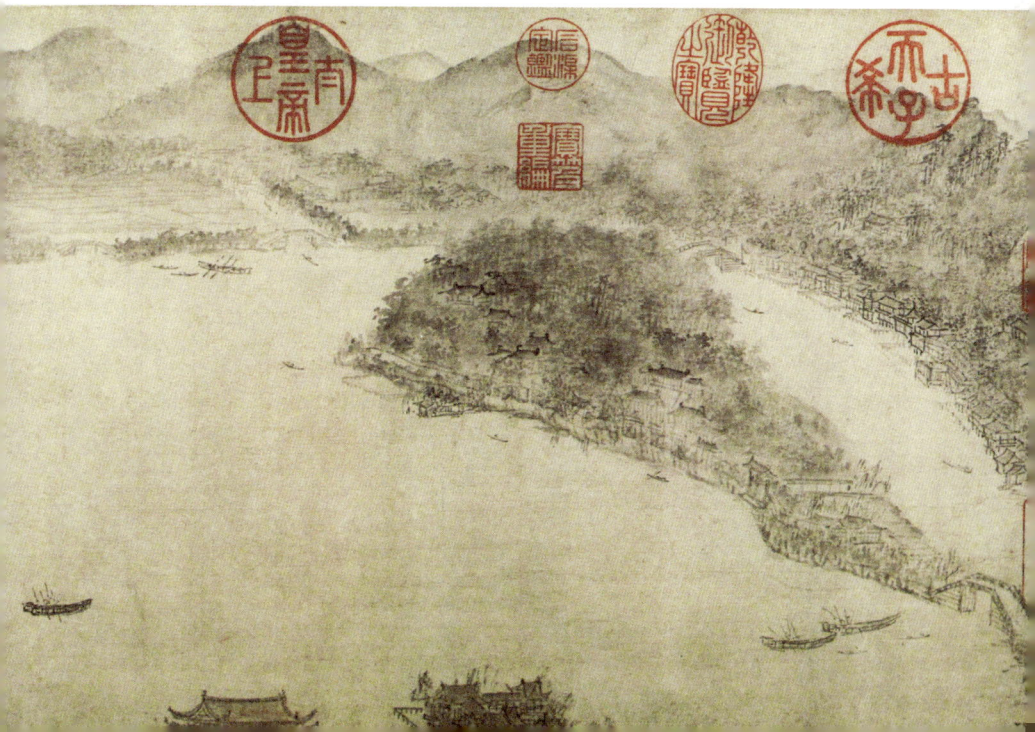

公元1169年10月19日，楼钥的舅舅汪大猷受命出使金国庆贺正旦，楼钥作为书状官随舅舅一同使金，在第二年3月6日复归家中。《北行日录》所记述的正是这段旅程中的故事。

在《北行日录》中，楼钥着重记录了处于金朝统治下的北宋故土，既有对北宋历史文化古迹的描述，又有对北宋陈迹旧事的记录。在描写沿途所见景物变迁的同时，楼钥还详细记下了自己在沿途之中听到的言谈话语，那些接待他们的"金国人"仍然记得北宋时期的旧事，即使是还未成年的孩童，也能说一些从父母那里听来的北宋往事。

作为书状官，楼钥作《北行日录》更多是在完成公务，但对于未经历过靖康之变的他来说，实地去验证那些曾经发生过的历史故事，显然要比从书本或是长辈那里学到这些知识更可靠一些。通过实地走访北宋故土，楼钥应该更能体会"国破山河在"的意境。

除了这两种游记外，宋代文人还开创了其他几种类型的游记，这些游记虽然在写作角度上有所不同，但在内容和情感表达上都颇为相似。

宋代文人为何要将自己的行旅之事用游记的形式来呈现呢？可能是有感而发，可能是觉得应该将自己的经验感受记录并分享下来，也可能是觉得用文字记录自己的行旅历程会更为正式些，至于到底哪个答案才是准确的，可能只有写作者自己才能够说得清楚了。

没有镖局的时代，
远行靠商队

　　打开电脑，登录某个电商平台网站，注册账号、完成信息核对，在商品采购平台上确定好要出售的物品，完成店铺平面设计，你就可以等着客户在线下单了。等客户下单后，厂家会直接从库房将货物发出，你什么都不用操作，这笔生意就完成了。

　　现代商人们借助电商平台，足不出户就可完成商品交易。如果宋代能有如此便捷的商品交易手段，那商人们就不必为了经商而踏上漫漫行程了。

　　在宋代的出行者中，商旅可以算是最为特殊的一类出行者，他们出行的目的主要是为手中的货物寻找买家，或是将货物运送给买家；他们并不在意沿途的风景，也不会太多考虑与家人的别离，货物的利润才是他们关注的焦点。在宋代的文人士大夫眼中，这种旅行已经失去了真正的意义，但在商人眼中，真金白银的收入才是自己"在路上"真正的意义。

　　《周礼·冬宫·考工记》中写道："通四方之珍异以资之，

谓之'商旅'。"这种表述明确概括了商人所从事的商业活动，其"通四方"之说，更是将商旅与物资供应紧密联系在一起。在交通并不那么便利的古代，如果没有商旅带着众多货物踏上行程，各个地区的人们就只能依靠本地特产度日了，想尝一尝外地的风味小吃，也只能自己动身前往外地了。

这种"通四方"运送物资说是容易，但在缺少高效运输手段的宋代还是相当困难的，商旅们很多时候也是押下身家性命出

宋 《蜀山行旅图》（局部）

行，一旦遇到个山贼强盗或是火患洪灾，那别说生意没得做了，就连自己的性命怕是也要搭上了。

诗人范仲淹在一次出使睦州途中，乘船在淮水上遇到风浪，在小船颠簸摇曳之际，他看到坐在自己身边的商旅死死地抱着身边的货物，一副"货在人在，货无人亡"的姿态，在风雨中苦捱。如此来看，商旅无心关注风景，不去写些游记，也是可以理解的。

对于那些多次经历险境的商旅来说，这种不常见的天灾人祸倒并不太让人头疼，真正让商旅觉得难受的，是各地对商旅征收的重税。

宋代某些地区在征收行商税时总会陷入一个怪圈，这些地区一般比较穷，其他税征不够，只能多征商旅的税；商旅们为了少缴税，就不经过这些地区，这样这些地区的税收就会更加不足，如此，此地的行商税还会继续提高……如此循环的结果就是地区行商税越征越高，路过此地的商旅就越来越少，最后官府没得到利益，商人也没得到利益，百姓更是买不到货物。

不走征税的大道，商旅们就要去开辟不征税的小道，但走偏僻小道又没办法保证货物的安全性，对于大多数商旅来说，这是一个很难解决的问题。

但也有一些地区的官员认识到了这种问题，在适度降低行商税之后，商旅们又重新回到征税的大道上，官府也获得了更多的税收收入，百姓也能够买到心仪的货物，商旅们自然也就赚到了钱，这在很大程度上解决了商旅的难题。

宋朝商业是非常发达的，但这对提高商人的社会地位并没有起到多少帮助，虽然有一些士大夫呼吁要"关爱商人"，可商人依然排在各类职业的末流。

在比拼身份的时候，商旅的优越感就体现出来了，相比于在都城里做生意的商人，进行长途货物运输的商旅，尤其是做"跨国贸易"的商旅，他们的身份明显已经跳脱出"士农工商"的排序，那些优秀的商旅在国与国的交往中甚至可以做到"大使"的级别。

早在唐朝时起，就有商旅做起了海外贸易，到了宋代，伴随着宋朝与高丽等国的来往更加频繁，从事海外贸易的商旅变得更多起来。

常年混迹于异国他乡的商人们，显然要比官方派出的使节更了解异国的情况。所以在很多时候，他们在国与国之间的交往中扮演着重要角色，不仅是物质与文化交流的使者，甚至能参与到国家政治交往事件之中。

这无疑是一件可以提升商旅身份的大事，如果这件事情做得好，后续很可能会有源源不断的"商机"涌向自己。想到这里，还有哪个商旅会再去想欣赏行路途中的风景呢？

没有出租车，
但有"出租马"

在欣赏《清明上河图》的时候，不知道读者是否注意到了一个细节，大街上人来人往，街市上摩肩接踵，有推车担担的人，有赶着驴车的人，有牵着骆驼的人，但唯独骑马的人很少，这是为什么呢？

《清明上河图》作为反映宋朝生活的写实画作，其内容一定是具有代表性的。那么画面中马匹少的唯一原因，便是宋朝社会真的很缺马。

其实，宋朝缺马的原因很简单，那就是宋朝不产马。宋朝时期，中国主要马匹产地有三块：一是西北河套地区，一是河北燕山地区，一是北方匈奴（突厥）草原。而这三个地区中，河北燕山和北方突厥草原完全不属于大宋，西北河套还经常陷入宋夏争夺当中，因此宋朝的马匹多是依靠"进口"，从西域、契丹购得，所以马匹价格昂贵也是理所当然的事情了。

而且，花高昂价格进口的马匹还要优先满足军队的需求，这样能够流向民间的马匹就少得可怜了。但是,民间用马的需求还在,于是,宋朝就诞生了这样一个有趣的交通服务业——租马。

《东京梦华录》记载:"寻常出街市干事,稍似路远倦行,逐坊巷桥市,自有假赁鞍马者,不过百钱。"意思是,市民出门办事,如果路途遥远,可以选择租马出行,而且价格不贵。由此可以看出,当时租马是很方便的。

宋人魏泰的《东轩笔录》也说:"京师人多赁马出入。驭者先许其直,必问曰:'一去耶?却来耶?'苟乘以往来,则其价倍于一去也。良孺以贫,不养马,每出,必赁之。"这也证明了宋代租马相当普遍。另外也透露了一个信息:你要租马,"驭者"(相当于出租车司机)会先跟你谈好价格,"是单程呢?还是包回程?"包来回的话则收双倍价钱。

至于价钱,在《东京梦华录》中有"不过百钱"的记载。而《参天台五台山记》中,成寻和尚也记载有"今日借马九匹,与钱一贯五百文了",也就是成寻和尚租的马,每匹每天的价格大约是167文钱(1贯等于1000文)。

租马是这个价格,那么买一匹马大概需要多少钱呢?北宋初年,有记载华州买马需要钱八十贯,而当时人的收入,大致是每年五十到一百贯,也就是一匹马相当于普通人一年的收入。

但到了真宗仁宗时期,因为与契丹保持了长久的合同,大量马匹进入宋朝,宋朝的马价开始不断降低,此时一匹小马的价格

宋 李公麟 《五马图》

已经降到了十几贯，可以说普通人节省几个月就能买到了。

而且此时，军队因为常年不打仗，也有一大批马匹无法处理，于是开始有人鼓动朝廷出售军马。《宋史》记载"天禧中，宰相向敏中言国马倍于先朝，广费刍粟。乃诏以十三岁以上配军马估直出卖。"把"军龄"十三年以上的军马出售，想必更能冲击民间的马匹市场，只是不知道最终朝廷有没有采纳向敏中的建议。

在商业发达的北宋，百姓终究还是没有改变租马骑的习惯。而到了南宋，马的价格就比北宋更高了，马已经变成了一种奢侈品，此时，本就不热衷于养马的宋人就更乐于租马了。

除了驴马和马车之外，在宋朝也有牛车专供女性乘坐，用来逛街和游玩。《东京梦华录》记载："命妇王宫士庶通乘坐车子，如檐子样制，亦可容六人，前后有小勾栏，底下轴贯两挟朱轮，前出长辕约七八尺，独牛驾之，亦可假赁。"还进一步记载了牛车的规格，"宅眷坐车子，与平头车大抵相似，但棕作盖，及前后有构栏门、垂帘。"从字里行间，我们能够看出宋朝的这个牛车跟我们现在理解的那种牛车还是有区别的，宋朝的牛车更强调舒适性，有点类似于我们今天的旅游巴士。

无论是租马还是租牛车，反映的都是宋朝在交通方面较之于前代的变化，而从"租"这个字来看，宋朝在解决交通问题的同时，已经逐渐有了服务意识，让交通与第三产业相融合。

大宋旅游热，
逛皇家园林，体验"农家乐"

"老夫聊发少年狂，左牵黄，右擎苍，锦帽貂裘，千骑卷平冈。为报倾城随太守，亲射虎，看孙郎。"读者应该都听过苏东坡这阕词，这首名为《密州出猎》的江城子，讲的就是苏轼密州任职期间出外围的事情。

宋朝人喜欢游玩，无论是踏青还是游猎，在闲暇时到田野中感受自然，恐怕没有比这更让已经步入城市生活的宋人心驰神往的了。而如果说出游，那肯定首推春日踏青。

天气转暖，酷热未至，百花盛开，鸟语虫鸣，一年中最好的出游时节就此到来。宋朝的春夏与现今无异，不只是天气和风景，就连宋人热爱旅行出游的心情也与现代人没什么差别。在娱乐活动并不那么丰富的古代，旅行出游是宋人消遣娱乐的主要手段。

宋人旅行出游可选择的目标地点有两种，一种是都城或城郊，另一种则是稍微偏远一些的乡村。宋人会根据自己的需要选择合适的地点，一般来说，在重大节日时，都城是最为热闹的出游地点，而在其他时候，城郊游和乡村游要更火热些。

在汴京城郊，山林、田野和园苑错落分布，城中的官员百姓们会邀约三五好友，带上酒水小吃，寻一处僻静园囿，痛快地畅饮起来。

早春时节的出游，可选择的地点很多，大多数人在这一时节会去逛一逛都城之中的皇家园林，因为只有这一时节，金明池、琼林苑等皇家园林才会向普通百姓开放。

金明池兴建之初是用来训练宋军水师的，但在国家进入相对和平时期后，其军事功能逐渐弱化，最终被宋政府改造成了可供宴游的皇家园林。我们可以从《东京梦华录》和《金明池争标图》了解到这座皇家园林的建造布局。

由于是从水师训练基地改建而来，金明池整体以水景为主，湖光水色，亭台楼阁，再点缀一些奇花异草。在这些自然景观之外，改建过程中还增添了许多人文景观，其中最为瞩目的便是各式各样的水戏表演。

金明池的水戏表演每年举办一次，时间多为当年的初春时节，宋人称其为"开池"。水戏表演的项目多由原有的军事训练项目转化而来，如水战、百戏、竞渡、水傀儡、水秋千、龙舟夺标赛等。

"水战"类似于一种水上军事表演，观赏性很高，但娱乐效果相对不足；"百戏"类似于水上杂技表演，观赏性和娱乐效果相对较好；"竞渡"是一种游泳比赛，第一个抢到水中银瓯的人能够获得奖励，相比于前两项表演，这种竞技类表演更能吸引人，观赏性和娱乐性也要更高一些。

"水傀儡"和"水秋千"也是金明池颇受欢迎的表演项目，"水傀儡"是水上木偶戏表演，手艺人通过控制木偶在水中划船、踢球和钓鱼；"水秋千"则是在船上支起秋千，表演者借助秋千荡入水中，与现代跳水项目颇为类似。

要说最具观赏性、最能吸引人的表演项目，还是非"龙舟夺标赛"莫属。参与"龙舟夺标赛"的船不仅有龙头船，还有虎头船、飞鱼船等，这些船只在争标之前，先要进行一番花样表演，由水殿前一人负责指挥。在花样表演结束后，诸船只便可据号令展开竞相争标。宋代金明池的"龙舟夺标赛"观赏性丝毫不亚于现代的龙舟赛。

在水戏表演当日，金明池除了允许游人玩赏参观，同时还允许商贩和手艺人入园摆摊表演，这进一步增加了金明池的热闹程度。每一年在"开池"当天，金明池都会"游人士庶，车马万数"。

这种百姓竞相出游的盛况，除了在宋代开封府可以看到，在当时的洛阳也是可以看到的。与前往开封观看金明池水戏表演不同，百姓们前往洛阳，多是为了观赏暮春时节牡丹盛开的美丽景色。

洛阳城中的男男女女自是不会错过这般美景，就连在偏远乡村的男女老少们也都不远千里来到洛阳观赏牡丹。除了观赏牡丹，还可以去逛一逛洛阳的私家园林，这里的一些私家园林经常会对外人开放，在开放期间，任何人都可以进园观赏。

这种哪里热闹去哪里的出游方式，对于少有出游经验的人来

宋　佚名　《关山行旅图》（局部）

说，是一种不错的选择，但对于那些经验老到的游客来说，寻得一些僻静而又景色优美的地方，才是最佳的选择。为此，他们纷纷将目光聚焦在自然景观保留完好的乡村地区。

　　"茅檐傍涧，古木成林"是宋代村庄的真实写照，农业生产的发展使得农村的生活条件大为改观，农民们不仅拥有了出游的意愿，同时也对组织乡村旅游产生了浓厚兴趣。

一些农民从洛阳牡丹盛会中得到启发，在乡村中也种起了各式各样的花卉。每到春天，百花盛开之际，农民们会组织赏花会，吸引外地游客驻足观光。除了种植花卉，一些地区的农民还推出了农事体验活动，吸引外地游客来到乡村体验农业劳动，享受采摘乐趣。

外来游人乐于体验，本地乡民愿意组织，一时间，宋代乡村兴起了各式各样的集会，庙会、道会自不必说，药市、草市更是热闹非凡。这股乡村游热潮的出现，在一定程度上也促进了宋代乡村地区经济的发展，进而也为朝廷增加了税收。

与旅游热潮一同出现的，还有一些辅助人们旅游的机构和工具。南宋时期，一些城市中出现了专职"导游"，想要外出游玩，又不知道如何安排的游客，可以花钱雇一名"导游"为自己安排行程。如果舍不得花钱请导游，也可以自己购买一份"地经"，南宋的杭州城中便有人兜售这种旅行地图，其上不仅标注有杭州各地道路的里程长度，同时还标注了当地的一些旅馆及景点，使用起来非常方便。

由此看来，在旅游这件事上，宋人与现代人颇为相似。

出门在外，
没钱去"脚店"，有钱去"正店"

　　有人出外游玩，就有人出外奔波，宋朝的旅途和今天一样，总会存在一些"崎岖行路人"，那么这些为了生计在路上奔波劳碌的人，要怎样解决自己的食宿呢？答案当然是住店。而宋朝有趣的是，虽然没有星级酒店的划分，却也形成了风格各异、服务人群不同的招待所和五星级酒店。

　　五星级酒店在宋朝被称为"正店"，"正店"确实店如其名，往往门楼高大、大厅轩敞，服务质量高，当然价格也不菲。在宋朝，想要开一个"正店"必须硬件过硬，然后向政府申请，经过政府审核批准后才可以营业，当然这一套复杂的手续是值当的，因为正店还有一个特权——可以自己酿酒。据《东京梦华录》记载，在北宋汴梁城，政府颁发执照允许经营的"正店"有七十二家。

　　除这七十二家"正店"以外，汴梁城其余酒店都叫"脚店"，"脚店"在硬件设施和服务水准上，往往比"正店"要差一些，

宋　张择端　《清明上河图》（局部）　"正店"

而且日常供应的酒水也必须从"正店"购买。但好在"脚店"不需要申请，创办起来比较方便，很适合刚刚创业的个体经营者。

对于有钱人来说，往来住宿当然是选择"正店"，但对于本来就是四处讨生活的人来说，"脚店"是他们最好的选择。

有钱与没钱的差别，我们可以从"正店"和"脚店"提供的饮食服务上一览无余。

北宋有一个叫张能臣的人，特意为当时的名酒编了一本书，叫作《名酒记》。在这本书中，张能臣也提到他去过的"正店"中的名酒：忻乐楼的仙醪、和乐楼的琼浆、遇仙楼的玉液、玉楼的玉酝、清风楼的玉髓、八仙楼的仙醪、时楼的碧光、班楼的琼波、千春楼的仙醇、中山园子店的千日春、大桶张宅园子正店的仙酿、方宅园子的琼酥、梁宅园子正店的美禄……

　　"正店"不但有美酒，更有种类繁多的美食，而且都用上好的食材，加上厨师们精湛的烹调手法，大宋的饮食文化在这些富丽堂皇的酒店中体现得淋漓尽致。

　　在这种高档酒店，菜品的价格自然不会便宜的，而且因为档次高，更衍生出了一些其他服务。例如，某人想请朋友在"正店"吃饭，又想要讲究排场，"正店"便可以提供这种服务："正店"门前聚集着一些社会闲散人员，把请帖给他们任意一人，说好地址和邀请的人的名字，再给这人些许小费，他就会去为委托者邀请客人，这些人练就了一身与人打交道的本事，保证让客人赚足面子。

　　和"正店"相比，"脚店"则相形见绌，"脚店"中吃的更多是快餐、简餐，食材未必有多精良，但是如果碰到厨娘手艺好，一样能够吃出个别样的风味来。普通百姓平时跟朋友小聚，或者在外办事到了饭点没法回家吃饭，都可以在这种店里解决。

　　事实上，不仅仅是首都汴梁，在一些中小城市，"正店"和"脚店"也非常普及，尤其是一些交通要冲，更是存在大量的"24小时"营业的"脚店"，这就更能满足人们的需求了。

　　餐饮住宿是交通发达的一个标志，也是商业发展必要的条件，宋朝餐饮住宿的发达，印证了宋朝繁荣的经济和广阔的商路，商人们在从南到北的商路上，都能够享受到细致周到的服务，这不能不说是宋朝值得骄傲的地方。

早市与夜市，
繁华的大宋市民生活

在宋朝，对于出门在外的人来说，绝对不会有"独在异乡，孤枕难眠"的羁旅之苦，原因就是宋朝的城市生活实在丰富，人们外出无论是办私事、做生意还是出官差，都能感受一下不同地域和城市的风貌。

"如果让我选择，我愿意生活在宋朝。"英国历史学家汤因比发出这种感慨的原因是多方面的，他不仅喜欢宋朝艺术文化领域的群英荟萃，更醉心于大宋市民生活的繁华景象。而说到市民生活，不得不提的便是宋朝的夜市与早市了。

在宋朝，如果我们身在异乡，想排遣自己心中的思乡之苦，那么去逛早晚市就是最好的选择了，因为宋朝城市之热闹非此两地莫属。365天全年无休，这里每天都接纳来自大宋各地的旅客，每一天都有新鲜事发生。

我国最早的夜市在西周时期便已经出现，但汉代以前的市场交易活动仍主要在白天进行，晚上的市场并不算热闹。到了唐朝时期，经济社会发展，商品活动日益频繁，但由于宵禁制度，长安与洛阳两个经济中心的夜市受到较大限制，南方地区的扬州、苏州的夜市则较为发达。总体上来讲，这一时期的夜市由于行政管理上的限制，依然不那么热闹。

到了宋代，开国皇帝赵匡胤带头鼓励发展夜市，此后历任皇帝也都对夜市持鼓励态度。在这种政策指令下，宋代的夜市不仅热闹程度有所增加，就连经营时间也大为延长，很多地方的夜市

宋　佚名　《江帆山市图》

几乎通宵达旦，与早市实现了无缝衔接。

宋朝的夜市究竟有多热闹呢？南宋文人吴自牧用笔墨为我们描绘了一幅热闹的夜市图景。他在《梦粱录》中记载，街市上买卖商品的人根本数不过来，天快亮了游客才纷纷散去。没过多长时间，早市就开了，游客又很快涌到街市上来。

偏安一隅的南宋尚且有如此热闹的夜市，北宋早期夜市的热闹程度也就可想而知了，孟元老在《东京梦华录》中就对北宋著名的"州桥夜市"进行了详细描述。

他提到"州桥夜市"中各类小吃应有尽有，时令节气不同，热销食品也会有所不同，夏天最好卖的是荔枝膏、梅子姜、生淹水木瓜等清凉小食；冬天最好卖的是野鸭肉、煎夹子、盘兔等温热肉食。除了叫卖小吃的，"州桥夜市"还有经营茶品、酒水的店铺，这些店铺常常经营到三更时分才关门，稍作休息之后，五更时分又会继续开张迎客。

这样繁荣的夜市在宋代的许多城市都曾出现，规模稍大的夜市多会经营到三更时分。即使到了三更天，很多店家也不会关门休息，他们会换一批伙计直接准备起早市要卖的货品来。24小时经营的大宋市场，不仅便利了市民生活，也在一定程度上提高了大宋百姓的就业率。

北宋都城开封的早市一般以当地寺院的钟声为号，不论是打铁声、敲钟声，还是木鱼声，商贩们只要一听到寺院中传出声响，便会立即冲入市场，招揽起生意来。北宋的寺院一般五更天敲钟，所以北宋的早市也多在五更开市。南宋的寺院似乎改了规矩，四更天便敲起了木鱼，这也让南宋的早市开市更早了一些。

临安城的早市上，最好卖的商品是蔬菜，天还没亮，商贩们叫卖蔬菜的声音便从市场中传了出来。为了让自己的蔬菜商品更加好卖，商贩们纷纷搞起了差异化竞争，你卖辣萝卜、辣瓜儿，我就卖糟黄芽、糟瓜齑（细姜碎蒜），你卖醋姜，我就卖拌菜，商贩之间的竞争让临安早市的蔬菜食品更加多样，也让临安市民有了更多选择的空间。

开始于四更天的早市很难说在什么时间结束，当人们在早市中吃完早餐后，市场便会一直开放，闲散的百姓依然可以在市场中喝喝茶、看看表演，或是买些生活日用品。需要工作的百姓在忙碌了一天之后，唤上三五好友，在夜幕降临时会再回到市场中，品几杯小酒，点几份肉食，夜生活大幕也就由此拉开了。

宋朝的早市和夜市之所以能够如此繁华，除了皇室政策的鼓励推动，还与地方府衙的日常管理有着密不可分的关系。为了更好地平衡商业发展与城市管理之间的矛盾，大宋朝廷采取了一种颇为人性化的管理方法，他们并不"一刀切"地禁止商贩占地经营，而是选择以"表木"为红线，越线设摊才会受到处罚。仔细观察《清明上河图》虹桥的两端，会发现一些高大的柱子，这些柱子正是"表木"。只要商贩摆摊没有越过"表木"的范围，就不会受到处罚。这一举措既照顾了小商小贩的生计，也维护了城市的管理秩序，推动了当地商品经济的发展。

第五章　工

包拯年薪数百万，
有前途的大宋文职

大宋的文官体系

有人说"包青天年薪数百万"，这是真的吗？要说这一话题，我们需要首先了解一下大宋的文官体系。

兵变起家的宋太祖对于武官颇为忌惮，在思来想去之后，决定着手改变此前几代武官专权的风气。一番谋划之后，他通过一顿酒席便罢免了大多数开国功勋的官职，进而将治理国家的大权全部交给了大宋文职人员。

开国皇帝立下了士大夫治国的规矩，后世皇帝自然要严格遵守，就这样，文官这一群体在大宋迎来了自己最为辉煌的时刻。

在唐朝，文官上书谏言需要担着掉脑袋的风险，强硬如魏征在进言前也要思忖下皇帝的心思。但在宋朝，文官给皇帝进言就像家常便饭一般，虽然可能会有触怒龙颜、遭到贬谪的风险，但生命安全始终是有保证的。

在北宋前中期，如果文官提出的政策主张被皇帝否决，只要选择"求去"（离开中央机构外出任官）或"致仕"，便可免受刑责处罚。

一般来说，如果这位文官被排斥的越严重，他被外放的地方就越偏远；但如果有同僚相护，那倒可以选择被外放到好一点的地方。苏轼被贬了大半辈子，前期有同僚相护，去到的地方还算宜居，但到后期，同僚相继过世，苏轼就被贬到了偏远的儋州。可即使如此，苏轼的人身安全依然没有受到太大威胁。

宋　包文正公像

宋人进入官场的途径有很多，科举考试算是相对公平的一种方式。在进入仕途后，如果想要发挥更大的能量，文官们便需要想尽办法为自己谋得更高的职位。宋代文官想要升迁，"磨勘"是必须要经历的程序，这是一种通过考察官员政绩，来任命或调用官员的方式。京官的"磨勘"每三年考核一次，非京官的"磨勘"则每五年进行一次。

一般来说，一位文官在现有职位上工作满规定年限后，找到五位推荐人，就可以上报吏部参加"铨选"；等到吏部批准文官的铨选申请后，文官便可以进京参加考核，初步考核通过的文官，还需要通过天子的考核，方可就任新职。

对于基层官员来说，"磨勘"是其改变职业前途的重要步骤，一旦因为某些原因错过"磨勘"，或是未能通过"磨勘"，官员们就要再等待一个任期。有的基层官员在岗位上一熬就是十多年，无法通过"磨勘"，就没办法让自己"更上一层楼"。

那些绞尽脑汁想要在官场上"更上一层楼"的文官们，除了要实现自己远大的政治抱负外，还有一种更为现实且直接的目的——拿到更高的薪资。

宋代同职级文官的薪资是普遍高于武官的，同时在京城任职的文官的薪资也要比在外任职的文官要高一些。

北宋初年，官员的俸禄主要由"正俸""加俸""职田"构成。"正俸"主要是俸钱和一些服装衣料，比如，当时的宰相与枢密使每月可以拿到300贯俸钱，同时每年还能拿到绫40匹、绢60匹、棉100两和罗1匹的服装衣料。"加俸"主要是各种日常补贴，比如酒、茶、盐，或是喂马的草料、差役的衣粮等，具体补贴数量根据官职的不同而有所差异。

包拯年薪数百万？

包拯在宋朝担任的官职比较多，在开封府时，他便身兼龙图阁直学士、尚书省右司郎中、权知开封府事等官职，这样来看，当时包拯的薪资构成主要有以下几个方面：

首先，作为龙图阁直学士，根据《嘉祐禄令》中的规定，他每年可以拿到1656贯俸钱，此外还有10匹绫、34匹绢、2匹罗和100两棉的实物收入。

其次，在开封府任职时，包拯还可以领到每月常规俸禄，即每月30石粮、20捆柴、40捆草和1500贯"公使钱"。这里的"公使钱"属于特别费用，一般不用于个人开支，相当于现代单位的招待费用，像包拯这样的清官，应该不会将这笔钱据为己用。

作为朝廷的高级地方官，包拯还享有朝廷划拨的20顷职田，这相当于现代的2000亩耕地。他可以将这些耕地出租给别人，而不需要向朝廷缴纳税费。

最后，作为权知开封府事，包拯每月还能拿到100贯的加俸，冬天时还能领到15称（1称约15斤）的木炭。

总的算下来，包拯每年可以拿到的钱粮数为：铜钱约3000贯、大米约2100石、小麦180石、绫10匹、罗2匹、绢34匹、棉100两……如果将所有实物都折算成铜钱，那包拯每年差不多能拿到4000贯铜钱。当然，如果加入职田收租的收入，包拯每年能拿到手的钱还会更多。

由于宋代不同时期的物价水平有所不同，所以很难将这些铜钱折合成现代货币来比较，但粗略来算，包拯的这4000贯铜钱的年薪，基本上与现代企业高管年薪相当，可以说跨过了财务自由的门槛。

这样看来，宋朝虽然长久以来都处于"积贫积弱"的窘境之中，但其给予官员的薪资待遇却是颇为丰厚的。能在大宋朝廷寻得一份文职工作，保证温饱自不必说，如果工作够努力，爬到更高的职级，还能谋得更好地薪资福利，这显然要比铤而走险去贪污受贿要好得多。

大宋 "报社编辑"
比不过小报 "狗仔队"

宋人生活丰富多彩，这一点在前面的章节中已经介绍了很多，除了那些停留在物质层面上的享受，宋人更追求精神世界的丰富。"看报"便是宋人日常生活中必不可少的精神追求。

宋人所看的报纸可以分成两类，一类是朝报，一类是小报。朝报是由朝廷刊发的官方报纸，内容主要是文书告示，对于关心国家大事的人比较有吸引力；小报属于"自媒体"报纸，由民间自发刊印，主要写一些官场趣闻和坊间轶事。

宋代编发朝报，一方面是为了迅速传达中央的法规政令，另一方面则是希望官员升迁贬谪的内容能勉励和约束其他官员。一般来说，涉及军机要事、战事灾情的消息是不允许记录在朝报上的，同时，普通百姓很少有机会能接触到朝报，只有拥有一定职级的官员才有阅读权限。

这样来讲，朝报在受欢迎程度上不及小报是理所当然的，但即使允许群众自由阅读，朝报的吸引力也是相对有限的。策划朝报的人多是朝廷的公务员，他们拿着固定的薪资，没有KPI考核，不必去追求远大的新闻理想，也不必琢磨读者的喜好，干好干坏一个样，只要不出大错误，就能顺利拿工资。

而反观小报记者，情况就大为不同了。

在宋朝，私营的小报往往自负盈亏，朝廷不给补贴，商贩不打广告，富人又不赞助，唯一让它发展下去的方法就是扩大销量，而想要达到这一点，小报记者们就需要绞尽脑汁地思考选题，跑东蹿西去搜集素材，一切能够扩大销量的事情他们都愿意去做，这便拉开了其与朝报编辑的差距。

从体面的角度来讲，朝报编辑属于公务员编制，薪资待遇不错，运气好了还能得到贵人赏识，加官晋爵，虽不至风光无限，但走在大街上也足够有面子。

小报记者不仅没有编制，薪资待遇很多时候也没有保障，运气好了能采到好的新闻，但读者是否买账，还是个未知数。为了采写到一手新闻，他们要尽可能地隐藏自己的身份，面子对他们来说早已是可有可无的东西，激动起来，他们甚至连"里子"都可以不要。一切为了销量，这似乎是套在他们头顶的"金箍"，时刻在警醒着他们。

为了更好地获取一手资料，一家小报往往会雇用许多记者，这些记者会被分派不同的工作，比如有的人专门负责打探皇帝和妃嫔的爱情故事，这类小报记者被称为"内探"；有的人专门负责打探各级官员的八卦消息，这类小报记者被称为"省探"；有的人则被安排到各处衙门、监狱去打探罪案进展，这类小报记者被称为"衙探"。

明　郭诩　朱子像

文公先生像

如此细致的分工让小报记者们可以无孔不入，虽然在当时他们还并没有一个统一的称谓，但在现在，我们一般会称呼他们为"狗仔队"。为了尽可能多地挖掘消息，他们潜入到大宋的每一个角落，每一处风吹草动，都会吸引他们的目光，如果觉得确实有趣，这些内容便会成为"今日头条"。

要说哪种小报消息最受欢迎，专业的小报记者都有自己的标准。有的小报记者会恪守新闻理想，坚守道德规范，力求还原事件真实，剖析事件背后的人物内心；而有的小报记者则只关注个人的绩效和报纸的销量，而不去关注事件的真实，这类小报记者比较喜欢刊发那些高官不为人知的花边八卦，一代教育大家朱熹便深受其苦。

某小报的头条不仅刊发老人家私生活不检点，而且还犯有杀人之罪。有关老人家怎样生活不检点，如何杀人的内容，小报上的故事都写得有模有样，靠着这种博人眼球的八卦内容，小报吸引了大批的热心读者，至于故事的真相，小报记者并不关心，故事的读者似乎也不那么关心。

这种惊爆的消息确实足够吸引人眼球，以至于在很长一段时间，宋人的业余文化生活都以看小报为主。由于小报在社会上的影响越来越大，导致一些素质不高的小报记者持续不断地制造假新闻。南宋朝廷曾全面禁止小报发行，并规定凡是私下看小报的人，流放500里，告发别人看小报的人，赏钱200贯。

这种规定看上去似乎颇为严格，但由于小报的传播程度已经过于广泛，甚至一些朝廷官员都对其"爱不释手"，所以禁令的实行效果并不那么明显，一直到南宋朝廷灭亡时，小报依然在民间畅销不衰。

工资优厚、专享特权的
大宋消防员

中国第一支职业消防队

我国古代的建筑多以木结构为主，木结构建筑虽然能够抗风抗震，但对于火焰和雷电的抵抗能力却是非常弱的，尤其是像宫殿那样大规模的木结构建筑群落，一场大火如果不能及时扑灭，所有宫殿就有被付之一炬的风险。

北宋时期社会经济迅速发展，市民生活日益丰富，汴京城内一派繁荣景象，街道上铺面林立，车水马龙，好不热闹。在这种繁荣景象下，一排排木结构建筑坐落在街道两侧，数不清的行人商贩穿梭在街道之中，一旦哪个人不小心引燃一处建筑，整片街道就可能会发生大规模的火灾。

街道上的铺面如此，皇宫中的宫殿自然也一样，公元1015年的一场大火，便将北宋皇宫中多处重要建筑焚毁殆尽，如果不是大火被及时扑灭，还会有更多建筑遭到焚毁。如此惨痛的教训让北宋统治者意识到了消防的重要性，为此，宋仁宗在登基后不

久，便成立了中国第
一支职业消防队——
军巡铺。

"军巡铺"这一
称呼并不是宋代消防队
的官方称呼，他们更为
形象的称呼应该是"火
师"。这些消防队员都
是从宋代精锐中央禁军
中抽调出来的官兵，主
要负责在夜间巡视街

道，督促各地居民入睡要熄灭灯火，消除潜在的火灾隐患。当然在
火灾发生时，他们则需要携带各类灭火设备，冲到火灾第一线。

在北宋时期，每个坊巷每隔一段距离都会有一处军巡铺，这是
负责囤放各类消防器材的地方。在火情发生时，有专人负责发放救
火器具，待大火被扑灭时，再负责将救火器具收回，当时较为常见
的救火工具有大小桶、斧锯、梯子、火叉、大索、铁锚儿等。

在都城中一些地势较高的地方，还建有望火楼，由高处眺
望，可以及时发现火情，拉起警报。在望火楼之中，有士兵居住
之所，时刻有士兵驻守于此。

此外，在一些铺面或民居前，也会设置贮水容器，这样灭火
时，消防队员采水和用水就会更加方便。

一般来说，清明节前后是火灾高发期，人们在焚烧纸钱时，
很容易造成火灾。为了有效管控这种情况，北宋朝廷规定，清明

节时分，居民在进行较大规模的焚香祭祀活动前，需要先向军巡铺报备，如果没有及时报备而私自起火，很可能会被军巡铺的消防队员们当成火灾一桶水浇灭。

消防队员的奖惩

在救火过程中，消防人员都有明确的分工，有的人负责驱散群众，有的人负责抢救伤员，有的人负责运水灭火，每个人都有应做之事，在众人齐心合力之下，高效灭火就是顺理成章的事了。

如此高效率的工作，自然是需要奖励的。这些尽职尽责的消防队员们除了根据职级领取每月薪俸外，还会得到一些额外的奖励，比如那些在火灾中忠于职守的消防队员，将会获得上级给予的犒赏，如果在救火过程中受了伤，朝廷还会补贴全部医疗费用。

除此之外，大宋消防队员们在救火过程中，还可以享受到一种独有特权，那就是遇见高官时可以不让道。救火本就是争分夺秒与时间赛跑的战事，在这种情况下，消防队员们怎么还有时间给坐轿子的高官们让道呢？

当然，有奖励就会有处罚，那些在救火过程中玩忽职守、退缩不前的人，将会受到军法处置。如果在救火过程中，负有领导职权的人没办法管理好下属，影响了火灾救援的工作，那作为负责人，他将会受到更为严重的处罚。

到了南宋时，职业消防员的队伍进一步壮大，临安城中的军巡铺也变得多了起来，消防设备也变得更为多样。有宋一朝所创制的消防员制度，被后世朝代所吸收，并发展完善，最终逐渐演变成为我国的现代消防员制度。

大宋技术工人，
一技在手，吃喝不愁

前面提到大宋文官的薪资待遇很高，如果单纯与其他朝代文官进行纵向对比，这一论点是完全正确的，但如果将其与宋代某些其他行业从业者来相比，那大宋文官的薪资待遇就不显得那样高了。很多时候，从三品知府的收入还没有大宋技术工人高。

大宋技术工人相当于现代的蓝领工人，他们多依靠技术为生，更多地从事体力工作。按理说，从事体力工作的工人在薪资待遇上是比不过从事脑力劳动的政府官员的，但在宋朝，且不说那些行业顶尖的高级技术工人，就连一般的熟练技工，赚到的钱也要比大多数政府官员高。

在宋朝，根据当时的薪资制度规定，从三品的知府每年能够拿到手的钱差不多是400贯。而在南宋时期，一个熟练的技术工人每年差不多可以赚到500贯铜钱。这还是当时的平均水平，如果当年的生意比较红火，熟练技工所赚到的钱可能会更多。熟练工人尚且如此，更不要说那些顶级技工了。

　　这里所说的熟练技工、顶级技工与那些并没有太多技能需求的"日工"并不相同。相对来说，"日工"的工资要比同样没什么技能的"月工"和"年工"多，但并没有后两者那样稳定。在北宋仁宗时期，这类不需要太多技能的"日工"每天只能拿到50文钱，如果从事一些重体力的工作，比如采茶，一天可以拿到70文钱。这种工资水平显然是没办法和大宋的技术工人相比的。

　　为什么宋朝技术工人的工资会如此高呢？想要解释这一问题，还要从宋代当时的社会经济条件说起。

　　"重农抑商"是我国历朝历代一贯延续的统治政策，统治阶级将商业垄断在自己手中，从而维护自身的统治利益，这是"重农抑商"政策的一种表现。但在宋朝，统治阶级似乎对控制商业并不那么感兴趣，他们非但不限制商业发展，反而还推出了许多鼓励百姓投身商业活动的政策，大宋小吃街上的繁荣景象正是由此而来的。

宋　梁楷　《亲蚕图》（局部）　宋代技术工人

　　市民经济的发展让更多人投入商业经营的海洋之中，也为技术工人们提供了更多的工作机会。一种并不常见的现象便由此产生：两个贩卖服装的商贩争抢一个纺织技艺高超的工匠，两个人竞相出价，最后由纺织匠人挑选出价更高的那个商贩达成合作协议。

　　这样的情况还出现在陶瓷匠人身上、制茶匠人身上，以及造船匠人身上。越是技艺高超的匠人，获得的酬劳就会越多，而那些拥有熟练技巧的工人也因此提高了自己的身价，这才使得他们的薪资水平超过了部分政府官员。

　　当然，仅仅依靠内部社会经济的发展并不能如此显著地提高技术工人的工资水平，对外出口经济的繁荣也是提高技术工人工资的重要助力。

　　商业的繁荣，制造业的进步，推动了宋朝出口经济的发展。为了更好地开展海外贸易，大宋朝廷在全国十多个地区建立了市

舶司，专门负责管理对外贸易事项，今天的苏州、杭州、广州、泉州在当时都设有市舶司。

宋朝的陶瓷、丝绸和茶叶成为海外贸易的主要出口产品，在当时世界范围内，根本找不到竞争对手。独占如此庞大的海外市场，生产再多的出口产品也是不够的，就这样，大宋技术工人又迎来了一阵"春风"，巨额的出口利润让商人们愿意花费更高的价格聘请工人，在这种情况下，熟练的技术工人自然要比从三品的知府更抢手一些。

南宋时期最为先进的织布机由1800多个活动构件组成，其中的一些技术直到现在也无法再次重现，能够操作、调试这种织布机的技术工人在当时显然能够获得更高的薪资待遇。

由于对商业活动颇为支持，宋代朝廷针对商业活动所征收的税赋也相对较轻，这又创造出一种良好的商业环境，商人会更愿意将手中赚到的钱继续投入生产之中，技术工人拿到了较高的工资后，也更有意愿去消费，这样一来财富便在大宋国内循环起来，百姓的腰包也渐渐鼓起来。

宋代市民经济的繁荣也正是得益于这种社会财富的良性循环，只要辛勤工作，就能有所收获。拥有一技之长的人，能够获得更多的财富。

尊重技术、尊重知识，无论在哪个时代都是经济发展的准则。

大宋演艺圈，
女子撑起半边天

在古代社会，女性的地位一直很低，重男轻女的思想一直影响着中国人。但在宋代，许多百姓人家却偏偏对女娃娃宠爱有加。

为什么宋朝会有如此奇怪的风俗呢？这就与当时娱乐行业的发展大有关联了。宋朝的市民生活丰富多彩，这得益于当时娱乐业的繁荣与发达，而娱乐业的繁荣与发达又提高了演艺人士的薪资水平，这与前面提到的商业发展提高技术工人薪资水平是一样的道理。

娱乐业的繁荣使得演艺人士变得抢手起来，其中女性表演者的受欢迎程度又要明显高于男性表演者。当时的一些高官巨贾会在家中私养一些表演艺人，有唱曲的歌伎、跳舞的舞伎、演戏的优伶、说书的艺人。具体要养哪些艺人，还要看主家的兴趣，苏轼的好朋友陈季常偏爱听曲，虽然家中有一位"河东狮吼"般的妻子，但他依然养了三十名歌伎，每日为自己弹琴唱曲。

宋代绘画

瓦舍勾栏中的女性演艺人

宋代都城中的大型公共娱乐场所被称为"瓦舍",每一个"瓦舍"又被分成好多个"勾栏"。这些"瓦舍"就像是现代的大型游乐场,而其中的"勾栏"则是游乐场中一个又一个的娱乐项目。

孟元老在《东京梦华录》中提到了汴梁城中的许多瓦舍,如新门瓦子、朱家桥瓦子、桑家瓦子等;周密在《武林旧事》中也提到了临安城中的二十多处瓦市。可见,宋代的大型公共娱乐场所还是非常多的。

在这些大型"瓦舍"中，每个"勾栏"都有独特的表演项目，耐得翁在《都城纪胜》中便提到了杂剧、小唱、唱赚、相扑争交、杖头傀儡、影戏等项目。如此多的表演场所，如此多的表演项目，其对演艺人的需求自然也就多了起来。

这瓦舍勾栏中的绝大多数表演项目，都有女性演艺人参加，其中尤以歌舞表演为主。她们多自幼练习歌舞，不仅能唱会跳，对于琴棋书画等内容也略通一二，她们主要靠表演和陪酒为生。稍有些才艺的，还可以自己谱曲编舞，这项才能会大大增加她们的收入。

《宋稗类钞》记载了宋孝宗时期一位歌伎的故事，这名女子自幼父母双亡，从小便在瓦舍中跟着师傅学习音乐和舞蹈，大概学了十多年后，这位女子已经能够自己谱新曲、编舞蹈了。由她改编的《柘枝舞》成为当时大受欢迎的舞曲，每天从早演到晚，依然不断有观众入场观看。

这位女子不仅可以每月拿到固定薪资，而且还可以参与表演的分成，算下来，每天可以赚到20贯铜钱，这在当时绝对算得上是高收入了。

女性演艺人的各种表演项目

除了表演歌舞，女性演艺人可以参与的娱乐表演还有很多，比如演杂剧、演杂技、玩相扑、说评书、说像生等。

演杂剧有点类似于现代的戏曲表演，一个完整的杂剧通常会分为许多集或段，长杂剧分集表演，短杂剧分段表演，每一段（集）都需要用一种调子来演唱，对于那些偏爱戏剧表演的人颇具吸引力。

说像生中的"像生"并非现代的"相声",它是一种模仿各种日常生活中有趣场景的表演,比如有模仿各种叫卖曲调的,有模仿私塾先生讲课的,有模仿大户人家小姐穿衣打扮的,也有模仿结婚娶媳妇的。技艺高超的表演艺人能够将各类场景模仿得惟妙惟肖,很受观众喜爱。

女性演艺人能够参加的杂技表演主要是幡竿和走索,这两项杂技的表演难度都很高。幡竿需要表演者爬上三十米高的巨竿,然后在竿顶表演空翻、倒立、跳舞等动作;走索类似于走钢丝,表演艺人除了要在绳索上行走,还需要做出各种表演动作,技艺高超的表演艺人会如猿猴般在绳索上闪转腾挪,引得人们阵阵惊呼。

女性演艺人参与这些项目表演尚不叫人意外,但在宋朝,另有一项火热的竞技项目,虽然主要由男子参与,但也有一些女性演艺人参与其中,这便是相扑。我国古代对相扑的叫法有很多,有称"角抵"的,有称"争交"的,宋代瓦舍中的"相扑争交"便是一种颇受欢迎的竞技表演项目。

一场"相扑争交"表演往往有女性相扑选手开场,这样能够迅速暖场,吸引四旁观众的关注。"赛关索""黑四姐""嚣三娘"是当时较为出名的女性相扑选手,每次一有她们的表演,观众就会如潮水般涌入会场,有些时候,皇室贵胄也会亲自到会场观战,其受欢迎程度可见一斑。

连相扑这样的竞技运动中都有女性参加,这样来看,女性演艺人确实是撑起了大宋娱乐业的半边天。

"全民皆商"，
赚钱才是王道

　　在中国历史上，商人的地位普遍不高，但大宋商贾却是个例外，他们不仅拥有与其他行业从业者同等的地位，还积累了不少的财富。

　　在宋朝经商，可以说是恰逢其时的。开国之初的两位皇帝接连颁布诏令，鼓励商业发展；坊市制度的松动和瓦解让商人们可以自由选择经商地点，只要有钱租铺位，想在哪里做生意，就可以在哪里做生意。即使还没有钱租铺位，也可以从小商贩做起，走街串巷做一些商品贩运的营生。

　　在宋代一些农村市场中，小贩和货郎走街串巷地售卖自己的商品；在稍大一些的市镇，草市成为商人们的主要活动场所；到了较大的中心城市，商贩们都有自己品牌的商铺。越是热闹繁华的城市，商贩的种类和数量就越多，商品经济的发展也就越迅速。

　　在唐朝，商人和手工业者不能参加科举，也不能入朝为官，这种"工商之家不得预于士"的严重抑商手段让百姓在经商前不得不谨慎思考。但到了宋朝，这一制度开始逐渐瓦解，有"奇才

宋 李嵩 《货郎图》

异行"的商人被允许参加科举，其子女可以进入官办学校学习，这在一定程度上提高了商人的政治地位。

大宋朝廷对商业发展的鼓励与支持，让商人的社会地位得到显著提升，这使得越来越多的宋朝百姓加入经商的行列，从农民、地主到读书人、官员，就连皇亲国戚和寺院僧尼也纷纷"下海"经商，一时间，"全民皆商"的风潮在大宋流行开来。

宋代农民弃农从商的原因很多，有的人是遭遇了天灾人祸，单纯依靠土地无法生存；有的人则是想要改变现状、脱贫致富；当然，也有一些人是通过改善种植技术提高了粮食产量，然后在闲暇之余做起了生意，售卖自己种植的经济作物。

在农闲时分，经常可以看到一些农民模样的小贩和货郎，他们有的在草市中贩卖农产品，有的则跨越州府做起了远距离贸易。待到农忙时分，这些农民会再次投入农业生产，这样一年四季都有工作可做，不仅可以保障温饱，还能攒下一笔积蓄。

官员经商的目的更多是积累财富。北宋初年，宋太祖对于武官经商采取了较为宽容的态度，其目的主要是为了防止武官叛乱，同时筹措军费。这种宽容的态度充实了武官的腰包，也为军队筹措了不少军费，但对军队战斗力的提升却并没有任何帮助。

名将岳飞就是一位颇具头脑的商业奇才，他的经商逻辑是买地皮、盖商铺、收房租，借助此种手法，他在江州积累了田产788亩，地产1196亩，房廊和草瓦屋共498间。依靠这些不动产的租金，岳飞壮大了自己的"岳家军"，却并未能改变自己与"岳家军"的命运。

宋代官员经商，真正为军队和国家谋利的人占少数，他们更多是利用手中的权力来充实自己的腰包。其利用职权经商的常见手段主要有强制购买辖区内物品、强行高价派卖、欺行霸市、挪用公款，以士兵为劳力、用公差运商品等。这些经商手段不仅是在与民争利，更是于国无利，虽然宋王朝统治者很早就针对官员经商与民争利的情况颁布禁令，但终宋一朝，禁令的效果都是较为有限的。

面对着如此汹涌的"全民经商"热潮，饱读诗书的上层知识分子也未能免俗，他们之中有不少人放下了手中的笔，投入了无边无际的"商业海洋"之中。

卖书是与知识分子身份最为贴切的经商手段，大多数读书人会选择自己挑着书箱沿街贩书，也有一些颇具商业头脑的人尽数变卖家财，雇佣伙计大批量贩卖书籍，俨然一副专业书商做派。

除了贩书，一些为了谋生的士人会自降身份，售卖酒醋。这倒不是他们有多熟悉这一行当，只是因为当时贩卖酒醋的利润很大，如果有其他利润更大的行当，同样会有士人去尝试。

要说比贩卖酒醋利润更大的行当，就非贩私盐、私茶莫属了，在丰厚利润的诱惑下，自然会有人铤而走险。

北宋诗人梅尧臣在《闻进士贩茶》一诗中深刻揭露了这一现象，并严厉抨击这类士人品行不足，没有资格入朝为官。但当时的社会现实可能会让他大失所望，因为那些靠着贩私盐、私茶积累财富的士人不仅轻松进入了朝堂，而且还获得了更多职权，来帮助他们经商获利。

士人经商看上去有些不务正业，但如果将其看作是为做官后经商积累经验，似乎也就没那么"不务正业"了。说到"不务正业"，僧侣经商可要比士人经商严重得多，宋人庄绰在《鸡肋编》中记载"广南风俗，市井坐估，多僧人为之，率皆致富"。说宋朝"全民皆商"可能有些过，但若说"全僧皆商"却并不为过。

宋代寺院和僧人在商业经营上，不仅获利颇丰，而且还经营出了一些名堂，冶矿、制墨、纺织、造船等行业，他们都有所涉足。如果在《清明上河图》中仔细寻找，便可发现在人群之中招徕生意的僧人。

对于这种"全民皆商"的社会现象，北宋书法家蔡襄曾感慨："每个人都想变得富裕，为此，农民、商人和手工业者都不分昼夜地经营，来追求最大利润。"可以看出随着商品经济的发展，宋人的思想观念已经发生了变化，他们不仅不再以经商为耻，反而将其视为一种积累财富的重要手段。

大宋天价厨娘，
厨艺佳、架子大

端金饭碗的厨娘

在现代饮食行业中，男性厨师的比重要远超过女性厨师，但在宋朝，厨娘的数量却要明显多于男厨师。在颇讲究吃喝的宋人眼中，厨师不仅要厨艺高，颜值也要高，这就为厨娘崭露锋芒提供了必要条件。

洛阳关林宋代墓葬中曾出土了一块雕砖，其上雕刻的便是三位厨娘做菜备宴的场景。其中有一位厨娘正在料理锅中的食物，另外两位厨娘正将酒倒入温酒器中。在她们面前的餐桌上，整齐摆放着碗、盘、杯、盏等餐具，桌子前方还有两位侍女模样的人，一个在捧着餐具等待，一个则已经开始运送菜品。

除了这块雕砖外，宋代的许多墓葬壁画中，都绘有厨娘下厨备宴的场景。年轻的厨娘不仅容貌姣好，做菜手艺也是一绝，这种才色俱佳的特质让她们在大宋饮食界很是吃香。

富贵人家在大摆宴席时，都喜欢聘请年轻厨娘去做菜。北宋宰相蔡京家中虽有"厨婢数百人，庖子亦十五人"，但每次设宴之时，还要专门聘请技艺高超的厨娘。

富贵人家对厨娘的需求，深刻影响了当时的社会风气，杭州一带的百姓甚至形成了一种"重女轻男"的共识。

寻常百姓家生下女儿后都会百般爱护，同时还会特别注意培养女孩的厨艺。这样等女孩长大后，一旦被富贵人家相中，聘为厨娘，全家人的吃喝用度就不用发愁了。一个普通百姓家若是培养个厨娘出来，便可保一家人温饱，看样子，厨娘在宋代真可以说是端着金饭碗的行当了。

那么，在宋代做厨娘到底有多赚钱呢？一个比较直观的例子是——宋理宗时期的太守都请不起一位颇具水平的年轻厨娘。

宋　周东卿　《鱼乐图》

　　据传，一位太守因病在家休养，吃了几天家中厨师做的"粗饭"后，便开始怀念起自己在宫宴中吃到的厨娘所做之膳。几经周折后，他托朋友在京都找到了一位手艺颇好的年轻厨娘。

　　厨娘是找到了，但想把厨娘请到家，却并没那么容易。这位厨娘在距离太守家五里的地方停下脚步，修书一封让太守派车轿来接。为将厨娘请到家，太守也不敢怠慢，答应了厨娘的要求。几日后，太守的几位朋友来家中吃饭，厨娘主动请缨要下厨备宴。到了后厨，厨娘让人准备上好羊头十个，一个羊头只剔下两块肉后，便弃置一旁，这样十个羊头只做了五份羊肉菜品。其他食材也被厨娘"去粗取精"，只留少许精华部分，其余部分皆被弃置。

晚宴之上，太守的朋友品尝过菜食后竞相称好，纷纷向太守询问厨娘的来历。宴席过后，厨娘前来拜见太守，向太守请赏钱。大喜过望的太守忙叫人查找相关赏赐标准，谁知厨娘自己拿出了几张纸片，上面记录着她在其他各处备宴获得的赏赐，最少的一次也是三百贯钱。

为了面子上好看，太守赏了厨娘一大笔钱。但没想到过了不到一月，太守便找了个理由将厨娘送走了。私下里，太守跟朋友抱怨道："这厨娘手艺虽好，但不是大富大贵的人家，还真是请不起。"

厨娘的高超技艺

当时的太守相当于现代地级市的市长，这个级别的官员，想要聘请一位年轻貌美、厨艺上佳的厨娘也是要"三思而后行"的。上面这位太守聘请一位厨娘尚且吃不消，更不要说聘请多位厨娘共同备宴了。连太守都请不起，宋代厨娘的身价不可谓不高，究竟是什么样的高超技艺赋予了她们如此高的身价呢？

宋代评价厨师的标准有很多，刀工是其中的一项重要标准，一位厨艺高超的厨娘，首先要掌握的便是斫鲙之技。所谓斫鲙之技，就是薄切鱼片。古人认为在切生鱼片时，下刀的节奏要平稳有序，切出的鱼片要薄如丝缕。能做到上述要求的厨师，其厨艺便可得到认可。

北宋时期梅尧臣家便有一位厨娘，非常擅长切生鱼片，欧阳修等人每次想要吃生鱼片时，都会拿着鱼前往梅尧臣家。苏轼更是喜欢观赏厨娘斫鲙的情景，"运肘风生看斫脍，随刀雪落惊飞缕"就是对厨娘斫鲙风采的描绘。

　　除了刀工外，摆盘也是评价厨娘手艺的重要标准。北宋时期一位叫梵正的尼姑，不仅厨艺了得，摆盘装饰更是一绝。她曾运用炸、腌、酱等手法，将瓜蔬等食材烹制成菜肴，而后又根据不同菜品的色泽样式，将其摆拼成山水楼台等各式景物。将这些菜品合成一桌，正是王维在《辋川图》中所画之场景。

　　可以看出，大宋厨娘在造厨技艺上是丝毫不逊色于男厨师的。厨艺高超而又美貌过人，这样的厨娘即使架子大一点，也是合情合理的。

酒托和饭托，
社会底层的致富门道

在金庸先生的《射雕英雄传》中，郭靖初见黄蓉时，跟随黄蓉来到饭馆，还未坐定，装扮成小乞丐的黄蓉就熟练地点上了几样这家饭馆的招牌菜，这一顿饭就几乎花光了郭靖身上的银两。

黄蓉当时的表现像极了宋朝的"饭托"。其出现源于商品经济的发展，在繁华的都城之中，大大小小的酒楼饭馆鳞次栉比，像樊楼那样名声在外的酒楼自然不需要让伙计外出招徕客人，但那些名气并不大的酒楼想要赚钱，就必须要多拉些客人进店用餐。为了解决这一问题，"饭托"这一职业便应运而生了。

宋代"饭托"的套路与黄蓉的手法颇为相似，其下手对象主要是外地赴京赶考的士人。这类人群对都城环境较为陌生，向这些人推荐"招牌酒楼"，成功率会更高一些。几样招牌菜一点，"饭托"的主要工作便完成了，一些服务较为周到的"饭托"，还会提供导游服务，顺带再售卖几张都城地图。

外地人不愿意接受招徕怎么办？没办法，那就只能寻找新的目标下手了。并不是每个人都吃得起高价的"招牌菜",这也是"饭托"生意不好做的一个主要原因。

在这一问题上,与"饭托"工作性质颇为相似的"酒托"却并不犯难,她们从来不会担心自己的生意不好做,毕竟无论是官员,还是百姓,对酒水都是颇为喜爱的。

相比于"饭托","酒托"的入行门槛要更高一些。想做"酒托",首先要酒量好,这是硬性标准,做不到千杯不醉,也要比大多数酒客能喝才行;其次要有一定姿色,"酒托"一般以女子为主,姿容越是姣好,就越有可能成为优秀的"酒托"。在这两项条件之外,能言善辩、多才多艺也能够为自己做"酒托"增色不少。

宋朝大大小小的酒楼都会聘请"酒托",一些酒楼还会专门与附近的青楼合作,邀请那里年轻貌美的女子来酒楼吃饭或喝酒,借此来招徕客人。

周密在《武林旧事》中对这一现象进行了细致描述:如"和乐楼"一样的官营酒楼一般用官妓充当"酒托",而像"熙春楼"那样叫得出名字的私营酒楼则会找一些青楼女子做"酒托"。

被貌美的"酒托"吸引而来的客人,就如"待宰的羔羊"一般,"酒托"负责点酒水,客人们则负责出钱。一顿酒花出去十几两白银,说明这个"酒托"还算是仁义,若是遇到那种专点高价酒水的"酒托",客人钱袋里的钱就会被一扫而空了。

在宋代一些描绘宴饮的画作中,经常会出现"酒托"的身影,无论是在酒楼饮酒,还是在官场酒宴之中,"酒托"都是重

宋 《宫宴图》

要的存在。对于这种社会现状，宋代朝廷是颇为鼓励的，让"酒托"们在酒楼招揽生意，不仅能够促进就业，同时也能增加酒税收入，对朝廷而言并没什么坏处。

对于酒楼经营者来说，"酒托"能给自己带来更多生意，虽然要让渡一些利益给她们，但自己也是不亏的。

对于那些"酒托"们来说，多了一项收入来源，可以让她们过得更好，如果有幸遇到值得托付的人，她们的命运还会因此改变。但从当时的社会现实来说，"酒托"的社会地位是相对低下的，真正有工作、有能力的女子并不会从事这一行当，只有那些青楼女子愿意从事这一工作。而在这些由青楼女子兼任的"酒托"中，也只有极少数人可以受到命运的垂青，获得新的社会身份。

第六章　学

读书人最幸福，
人手一块免死金牌

宋人王君玉在《国老谈苑》中记载了这样一个故事：

一日，太祖皇帝在宫中设宴款待翰林学士王著，御宴快结束时，王著突然借着酒劲耍闹起来。太祖看在他是前朝学士，并没有与他计较，只是让宫人扶他出去，但王著不领情，反而在大殿之中痛哭起来，最终只得由几个宫人拖拽出去。

第二天，有官员上奏说："王著在大殿痛哭，这是思念前朝世宗，应该严惩不贷！"而太祖皇帝却认为："他只是爱喝酒而已，曾经跟随过世宗，我很了解他。他一介书生，就是哭悼世宗，又能怎么样呢？"就这样，太祖皇帝便没有追究王著的犯上之罪。

正常来说，在皇帝的御宴上大闹，不要他一条命，也得降他几级官，但王著却并没有被治罪，这可以说是宋朝对读书人的一种宽容了。

对于靠兵变拿下江山的宋太祖赵匡胤来说，让武将掌权是极其危险的，所以他以"杯酒释兵权"的手段解除了武将军权，而后又对武将处处设防。但对于文官，赵匡胤显然要宽容得多，在他看来，那些读书人只会写写诗，作作画，偶尔再议论议论朝政，他们手中没有一兵一卒，只有一杆笔，根本不会对皇权造成威胁。正是基于这种认识，赵匡胤才定下了"不杀读书人"的"祖宗之法"。

宋仁宗在主政时，就很好地遵循了先祖的训告，对读书人颇为宽容。

一次，有一个上了年纪的书生给成都太守献了一首自己的诗作，想要展现一下自己的才华，以求得个一官半职。太守看到诗作中"把断剑门烧栈阁，成都别是一乾坤"一句后勃然大怒，他认为这是在煽动自己造反，于是便将这个书生抓了起来，押送到京城，等待仁宗处置。

宋仁宗在仔细了解事情经过后，并没有追究这位书生的罪责，他说道："这个老秀才只是太想做官了，两句诗而已，并不足以治他的罪过。我觉得可以授他一个司户参军的官职，不用处理太多事务，还可以在偏远小郡中度过余生。"

如果这位老书生生活在明清时代，凭借这两句诗，他不仅会送掉自己的性命，还可能会送掉自己家人、族人的性命。庆幸的是他生在宋朝，这里没有锦衣卫的监视，也没有"文字狱"，有的只是对读书人的优待而已。

当然，要说宋朝没有杀过读书人和上书言事的人也是不对的，从可查阅到的正史资料来看，宋高宗便杀过一个读书人，而且还因此引起了一场轩然大波。

宋高宗赵构

陈东是北宋的太学生，也就是现代高等院校的大学生，在太学就读期间，陈东主要面对的是太学的各种考试，读书做官治天下是他的远大理想。但随着国家形势的突变，陈东想要安逸读书的理想开始变得不切实际，徽宗皇帝的不务正业，北宋军队的孱弱无力，这些都让陈东愤慨不已，他决定上书朝廷，针砭时弊，维护自己的国家。

陈东作为一个太学生，之所以能够像士大夫一样上书进谏，也得益于宋朝对读书人的宽待政策。但陈东虽然获得了自由议论朝政的权力，却没有享受到宋朝"祖宗之法"的保护。当时，宰相李纲力主抗金，但高宗却对李纲心怀忌惮，没多久就罢免了李纲的官职，一心想要南逃避难。见此情景，陈东上书高宗，力求留下李纲，罢免黄潜善等人，并主张高宗应该率军亲征，迎回二帝。

陈东的建议显然是宋高宗不愿接受的，但如果继续任由陈东等人上书言事，又恐会引起较大规模的政治事件，威胁到自己手中的皇权。于是，在黄潜善等人的诱导下，宋高宗决定杀掉陈东。公元1127年8月25日，太学生陈东与平民欧阳澈一同被杀于集市，宋朝不杀"上书言事之人"的"祖宗之法"在南宋刚刚开始时便遭到了违背。

在陈东死后几年，高宗又追赠陈东为朝奉郎、秘阁修撰，赐钱五百缗、祭墓田四十顷。这可能是高宗的良心发现，也可能是害怕"祖宗之法"的惩罚，但无论怎样做，读书人上书言事的自由氛围已经不复存在，在此后的南宋朝廷中，再也找不到像陈东这样敢于直言进谏的读书人了。

当然，陈东一人的不幸并不能全盘否定宋朝对读书人的优待，在这个重文抑武的朝代中，读书人获得了其他朝代所难以享有的机遇。以科举制度来讲，宋朝对科举取士是十分重视的，相比于唐朝，宋代科举考试的录取人数也出现了大幅增加。那些偏远地区进京考试的读书人，还可以凭借朝廷发放的"公券"免费使用驿馆的交通工具，并在驿馆借宿。

据《宝祐四年登科录》所载，宝祐四年五月二十四日，皇帝在集英殿录取了六百零一名进士，在这些进士中有近三分之二的人出身平民，只有不到两百人出身于官宦人家。夺得这一年进士头名的人是文天祥，他也是平民出身。

大宋最高学府
还包做官

　　"太学"最早出现在西周。不过那时的"太学"还不能算是真正的太学，因为他们把布政、祭祀、学习各种活动都放在一起，根本不具备教育的专业性和系统性。

　　太学作为中国古代真正的大学是从汉武帝时期开始的。汉武帝罢黜百家独尊儒术后，就采用了董仲舒提出的"天人三策""愿陛下兴太学，置明师，以养天下之士"的建议，开始在长安设立太学。到汉质帝时，太学生已经达到了三万之多。

　　晋武帝司马炎开始设置了国子学，不过隋炀帝时改为国子监，到了唐朝，国子监成为国家教育管理机构，下面设置有国子学、太学、四门学、律学、书学和算学，另有两馆，崇文馆和弘文馆，还有部分州学、县学。

　　宋朝建立后，便接管了后周的国子监（国子学），开始恢复教学。为了向天下学子强调读书的重要性，太祖皇帝还不辞辛苦亲临国子监，向学子强调"知为治之道"。

当时天下初定，有很多事亟须解决，教育这一块根本无暇顾及，于是国子学便成为当时独一无二的官方学校，下设广文、太学、律学三馆。当时国子学规定只招收七品以上官员的子弟，不过因为生员实在太少，发展日益"萧条"，没办法只得降低入学资格，让那些低级官员的子弟也可以去学习。于是原本属于贵族子弟的国子学，从宋代开始发生很大的变化，并慢慢向太学转化，并最终被太学所取代。

仁宗庆历四年（1044），范仲淹推行新政，将太学从国子学中分离出来，并以东京开封锡庆院创建学校，采用胡瑷的"湖州教学法"制定"太学令"，太学生的吃、住都由国家提供。

熙宁元年（1068），太学慢慢形成了自己的一套完整学制，实行的是五年制。那些刚入学的新生被称为外舍，相当于现在的大学预科，规定外设需要读一年；然后是内舍，需要读二年；最后是上舍，还要再读二年。

熙宁四年（1071），据《宋史·选举》记载："生员厘为三等，始入学为外舍（初级班），定额七百人。外舍升内舍（中级班），员二百。内舍升上舍，员百。月考试其业，优等上之中书。学行卓异者，主判直讲，复荐之中书，奏除官。"

这段话的意思就是将太学生分为外舍、内舍、上舍三等，刚入学的为外舍生。外舍生和内舍生每个月都要进行一次"私试"，考试内容是经义或诗、赋、论、策。这个"私试"的试题是由学官自己出题，不过考校、试卷封弥、誊录等事情需要派其他学官执行，三天以后揭榜。

这样的"私试"每季度考三次，第一月考经义，第二月则考论，

江南贡院　宋代乾道年间建立，为中国南方地区开科取士之地

第三月考策。年底时，计算太学生"私试"的总成绩。对于外舍生，实行每十人录取一人的原则，将那些总成绩为"优"的外舍生升为内舍生。内舍生"私试"年底总成绩为优的，称为"内优"。

太学生除了"私试"，还有"公试"。"公试"就是每年二月底三月初，大宋政府派遣外官主持的对外舍生和内舍生的考试。"公试"成绩及格的外舍生就可升为内舍生。

对于上舍生的考试，每两年才举行一次，主考官由朝廷委派。这个考试题目非常难，成绩分为优、平、否三等，除了"否"属于不及格，其他两等都为及格。

如果内舍生前年已经取得了"内优"的好成绩，现在在上舍考试中又取得了"优"等成绩，那么就是"上等上舍"，可直接被授予官职；如果一优一平，那就是"中等上舍"，可"免省"，也就是可以直接参加殿试；如果是二平或者一优一否，那就是"下等上舍"，可"免解"，也就是可以直接参加省试。

那时不管是外舍生还是内舍生，他们吃饭都不用自己花钱，由太学统一供给。不过这样好的制度，后来到了南宋就变了，外舍生需要缴纳"斋用钱"才能在太学食堂吃饭，不过对于那些家里非常困难的外舍生则减免一半，内舍生还是可以免费吃的。

元丰二年（1079），太学生的人数越来越多，现有的太学已经不够了，于是政府开始扩建。新的太学设八十斋，每斋三十人，其中外舍生两千人，内舍生三百人，上舍生一百人，共计二千四百人，学制也发生了变化，规定三舍取士与科举考试并行。

徽宗崇宁三年（1104），随着太学生人数的增加，又在京师南郊专门建设了"辟雍"作为外舍生的住处。这一年光外舍生就达到了三千人，内舍生也增加到六百人，上舍生则为两百人，总人数达到了三千八百人。这一年废除了贡举中的解试和省试，太学成为天下士庶子弟获得殿试资格的主要途径。

南宋时国子学合并到太学，从此专门为少数贵族子弟学习的学校变成了为士庶子弟混合就读的普通学校。这开辟了国子学、太学合二为一的先河，具有深远的意义。

高宗绍兴十二年（1142），南宋开始在临安府重建太学。据《咸淳临安志》记载："诏礼部讨论太学养士法，仍令临安府于府学措置增广，遂置祭酒，司业，博士，正，录，定养士额。"

第二年，在岳飞的故宅上建立了太学。到南宋末年，太学生总数一千七百十六人，其中外舍生一千四百人，内舍生二百零六人，上舍生三十，还有附读国子生八十人。

宋代太学有一套完整的考试、选拔、奖惩制度，为大宋培养出大批的官员和学者，取得很多成绩，给后代有很大的影响。

大宋"私立学校"，
包吃包住还包教会

北宋"私立学校"的兴衰

随着宋太祖统一天下，社会慢慢稳定，经济开始复苏，广大读书人想要读书的愿望也冒了出来，这时北宋也急需大量的人才。不过因为北宋刚刚建立，虽然恢复了后周的"国子监"，但是官方州县学校还没有普及开来。为了满足天下众多读书人的需求，于是一些"私立学校"——由私人创办的书院，便开始兴盛起来。有学者估计，北宋书院可能有一百所，数量上远超以前各朝代。

一方面，这些"私立学校"老师的学术水平比较高，不仅能满足广大读书人读书、求学的需要，还包教包会，并且免费提供食宿，这样"包吃包住包教会"的学校当然是天下读书人的最爱了；另一方面，这样好的"私立学校"，不用国家出钱，还能帮国家培养一大批所需要的人才，能帮助国家解决办学不足的问题，自然也得到大宋政府的大力支持。

为了鼓励那些私人创办的书院，宋朝皇帝不仅给一些书院送去书籍，还赐给一些书院田地，让他们有所收入，有时直接将官职授予创办学院的人，有时直接送去匾额。

宋太平兴国二年（978），宋太宗赵光义经过石鼓山时，看到"李宽中秀才书院"里面的学风非常好，不仅治学严谨、管理严格，而且里面的学生都积极向学，高兴之余便亲自赐名"石鼓书院"。宋仁宗景祐二年（1035），"石鼓书院"又一次被皇帝赐额。独享了两次被宋朝皇帝"赐额"荣耀的石鼓书院，成为北宋四大书院（石鼓书院、应天府书院、岳麓书院、白鹿洞书院）之首。不过石鼓书院未改初心，一直踏踏实实地治学，苏轼、程洵、周敦颐都曾在这个书院讲过学。

南宋"私立学校"的繁荣

北宋时期，在皇帝的倡导下，办书院成了一种风气。不过到宋仁宗时期，随着各地州县学校的建立，这种"私立学校"开始衰落。到了南宋，官学开始溃坏，一些儒家士君子想要重建学术，重拾人心，却发现官学已经"莫之救也"，所以理学大家朱熹只能"常欲别求燕闲清旷之地，以共讲其所闻"，也就是要另起炉灶，创办"私立学校"。

在朱熹这些理学家的推动下，南宋的"私立学校"空前繁荣起来，其中最为著名的是白鹿洞书院、岳麓书院、丽泽书院和象山书院。由于理学的发展，形成了不同的学派，其中有以朱熹为代表的闽学，以张栻为代表的湖湘学，以陆九渊为代表的心学，以陈亮为代表的永康学等。

这些大师为了传授自己学派的主张，开始积极创设书院，让南宋学院得到空前的发展。据统计，南宋新建书院143所，兴复65所，改建19所，合计227所，基本上取代了当时的官学，难怪研究中国书院史的邓洪波先生说宋代是"私立学校"主宰天下的时代。

像静子陆

明　《三才图绘》刻本　陆九渊像

朱熹一人就创建了4所书院，还修复了3所，曾经在47所书院读书、讲学。为了帮助学生学得更快，朱熹还提出了循序渐进、熟读精思、虚心涵泳、切己体察、著紧用力、居敬持志的"读书六法"。

为了将学院规范化，朱熹制定了相应的学规——《白鹿洞书院揭示》。它集儒家经典语句而成，便于记诵。首先，它提出了教育的根本任务，是让学生明确"义理"，并把它见之于身心修养，以达到自觉遵守的最终目的。其次，它要求学生按学、问、思、辨的"为学之序"去"穷理""笃行"。再次，它指明了修身、处事、接物之要，作为实际生活与思想教育的准绳。

南宋乾道三年（1167），朱熹与张栻在岳麓书院会讲，当时听者云集，"一时舆马之众，饮水池立涸"，可见当时朱熹受欢

彩本历代帝王圣贤名臣大儒遗像　张栻像

迎的程度。

其实南宋的"私立学校"发展得这么快，也跟他们的教学方法有关。这些"私立学校"不像官办学校，在教学上他们遵循因材施教的教育方法，并坚持随人指授的原则。比如，有的设五经教读，分斋教诲；有的设经、史、理、文四学分校，分别讲授；有的让大家环听讲书，间日则分班回讲。如果学习上遇到什么疑惑，可以由学长、经长、堂长等一一来解释，如果还是不明白，还可以找副讲、主洞等更高的学者。对于不同学生的不同问题，可采取不同的解答方式，或详细解答，或略加启示，或随事点拨，或反复变难，让学生不断进步。

这样的学校谁不愿意去呢？

文人社团，
大宋文人"打群架"

"小人无朋，其暂为朋者，伪也，君子则不然。"欧阳修在《朋党论》中将利益作为小人之党与君子之朋的分野，以此来说明君子也有组成朋党的理由，让人不禁疑问，宋朝文人难道没有朋党就不能活了吗？

然而，如果真的回到宋朝政坛，做一个学而优则仕的文人，你就会发现，没有朋党还真的很难在朝堂立足。

经年累月的学习，通过了朝廷的科考，终于有我们一展拳脚的机会了，然而等真的站到朝堂上，我们发现，事情似乎和我们想的不太一样，有宋一朝，几乎人人都忙着拉关系、结朋友、组朋党。

宋朝最大的朋党斗争——新旧党争几乎遍及了整个朝堂，朝廷中大小官员选边站，不是站新党就是站旧党，而结果也是新党上台旧党全部被清洗，旧党复辟新党全部被流放。

宋朝有如此严重的党争难道皇帝不知道吗？皇帝当然知道，不仅知道，他甚至还是党争的始作俑者。宋朝皇帝有鉴于唐朝教训，很害怕大臣总揽朝纲威逼皇权，因此有意在中枢机构中制造矛盾，用真宗皇帝的话说就是"且要各异论相搅，即各不敢为非"，让文臣们互相打，也就不会来威胁皇帝了。

也正因为有皇帝如此鼓励，让宋朝党争之普遍几乎深入到了帝国政坛的每一个毛孔。

《程子微言》记载，宋哲宗时，一次太祖忌日，大臣们到相国寺礼佛，程颐让僧人们为自己准备素食，苏轼责问说："正叔，你不是不喜好佛教吗？为什么要吃素食？"

程颐说："守丧是不可以饮酒吃肉的，太祖的忌日，是丧事的延续。"

苏轼反问说："支持刘家的人露出左臂来罢！（此处为周勃诛诸吕典故）"

最后范淳夫等人站在程颐一边，而秦观、黄庭坚等人则站在

宋　李公麟　《商山四皓会昌九老图》（局部）

苏轼一边，双方相互攻讦，持续了很长一段时间。

苏轼和程颐同属旧党，但即便这样双方还是要各组朋党再决雌雄，就这一件小事便可以看出宋代朋党之普遍。

当然，宋代朋党泛滥除了有皇帝可以为之的政治因素之外，还与宋朝人乐于集会结社的风俗有关。宋朝人非常喜欢集会，人越多越高兴，因此无论什么时候，无论走到哪里，只要在大宋的国土上，都总能看到各式各样的集会活动。

人们或集会饮酒，或以文会友，或庆贺丰收，或组团旅游，反正只要能找到的说法，都能成为宋人结社集会的理由。

晁端礼《醉蓬莱》中写："因念当时，乱花深径，画楫环溪，屡陪欢醉。踪迹飘流，顿相望千里。水远山高，雁沉鱼阻，奈信音难寄。吟社阑珊，酒徒零落，重寻无计。"

这段词的意思是，一个人在外地工作，初秋时分倍感孤独，

想起以前在家乡时经常和诗社的朋友们一起联诗喝酒，心里不禁怆然。

黄裳《青门引》中写："置俎争来，四乡宴社，且看翠围红绕。似可扪青汉，到北扉，两城斜照。醉翁回首，丹台梦觉，钧天声杳。"这说的是立秋以后一个人出门闲逛，到处见到集会的乡民，他们在做什么呢？原来是聚会饮酒庆贺丰收。

曾慥《调笑令》中写道："净友。如妆就。折得清香来满手。一溪湛湛无尘垢。白羽轻摇晴昼。远公保社今何有。怅望东林搔首。"这说的是一群道士在聚会，满座白扇轻袍，在探讨白日飞升、羽化成仙之术。

结社之风在宋朝初年兴起，到南宋时已经俨然成为人们的生活方式，南宋时仅临安一地就有上百个社团。

都城学子们发起的同文社，以文会友；不屑于同文社的发起了西湖诗社，以诗会友；而另一群人则专门攻讦西湖诗社，他们的社团叫作律华社。

大宋武士发起了射弓蹋弩社；相扑人士发起了角社；戏曲人士发起了绯绿社、绘革社；蹴鞠运动员发起了齐云社；理发师发起了梳剃社；建筑师发起的台阁社……甚至于阔太太和富家小姐们也发起了各种社团，如斗宝会、供佛会；而最令人瞠目的莫过于连妓女都发起了自己的社团，名为翠锦社。

人多力量大，人多好办事，宋朝这些社团能办什么事情我们不得而知，但从多如牛毛的社名来看，宋人对于结社，真的是乐在其中的。

武人社团，
想做什么都能找到同路人

　　如果说朝堂党争是文人社团的竞争赛场，那么乱世无疑便成了武士的舞台。宋朝文人结社多是出于政治目的，一般来说对国家弊大于利，但武士结社却不同，他们是为了保境安民、除暴安良乃至于抗敌救国，对国家是利大于弊的。

　　作为大宋子民，如果不甘于平凡的生活，而从文这条路又走不通，不妨加入一些武士社团，一样可以建功立业、青史留名。

买马社

　　宋朝的武人社团中，最知名的莫过于梁山泊，但那是带有农民起义性质的军事组织，并不能算作真正的民间社团。而如果谈起民间社团，那么我们首先要看一看最早出现的买马社。

　　所谓"买马社"，顾名思义就是与马有关，简单来说这个社团是由一群购买了马匹的武士组成的。这群武士购买马匹当然不是用来拉车的，而是结成骑兵社团，替政治势力出力的，而雇佣他们的政治势力正是大宋开国皇帝赵匡胤。

宋太祖时，宋朝北方尚有北汉存在，北汉有契丹支持，刚建国的北宋一时拿它没有办法。刚好此时当地出现了一些武士组织，宋太祖就心生一计，以政府出资的形式资助当地武士买马，进而让他们成为带有政府性质的武装力量，后来这支武装力量在宋朝灭北汉的过程中起到了关键作用。

结社买马之制在宋朝初年大获成功之后，很快被推广到河北、西北等边疆地带。宋朝利用买马社的形式，组建了一支又一支亲宋骑兵，到宋真宗时期，这支骑兵已经成为宋朝不可多得的武装力量，连宋真宗都对买马社赞不绝口，直言"广锐三十指挥各自买马，甚利国家"。

弓箭社

除买马社之外，真宗时期又出现了武士组织的弓箭社。弓箭社是在一定区域内组成的以筹备弓箭，共同演武的社团的统称。弓箭社的正式成员大多是地主和自耕农，他们集会推举家资丰厚、武艺高强的人担任头领，头领把大家组织起来，平时练兵种田，有事时防御流寇或异族。

据史料记载，弓箭社的组织与训练相当严格，规定社员必须"带弓而锄，佩剑而樵"，所立赏罚甚至要"严于官府"，弓箭社的职责是"分番巡逻，铺屋相望，若透漏北贼及本土强盗不获，其当番人皆有重罚"。

从弓箭社防御的敌人来看，这个社团应该是存在于北宋的河北地区，由此我们也可以看到在大宋一片繁荣祥和景象的背后，是河北地区从未忘记战争的武士们在"负重前行"。

忠义社

买马社、弓箭社代表着大宋的强盛时期，而在大宋政府孱弱，异族入侵的危难之际，另一个武士社团接过了尚武的旗帜，展示了大宋武人顽强的一面，他们的名字叫作"忠义社"。

忠义社起源于河朔战火频发的地区，史料记载"河朔之民愤于兵乱，自结巡社"，意思是河朔人民自发结社，抵御战乱的袭扰。后来，忠义社慢慢形成了军队化的制度，例如，社中规定每五人为甲，每五甲为队，每五队为部，每五部为社，各有长。忠义社的军队化制度，决定了它已经具有相当的战斗力，而长期参加战争，更是让忠义社逐步强大起来。

靖康前后，金人入侵，忠义社屡屡攻击来犯金人，让金人和宋廷都为之一震。也正因为如此，高宗在南渡之后号召全国普遍组建忠义社，在南宋政府财力和精神的支持下，忠义社很快便从河朔发展到关中、中原地区。

佚名　《岳飞像》

而在众多忠义社中，最值得一提的便是"太行忠义社"。太行忠义社，因为以太行山为根据地而得名，社团的发起者是河北义士梁兴。

梁兴原是河北地区一伙盗寇的首领，金军入侵之后，河北地区首当其冲，梁兴饱受国仇家恨，于是投身抗金阵营，带领手下组成忠义社，吸纳武士共同抗金。梁兴的忠义社先后参加过太原保卫战、河间保卫战等多次战斗，成员几乎损失殆尽。无奈之下，梁兴只得带领剩下成员躲入太行山，继续抗金。

后来，金国命令伪齐傀儡政权对河北义军进行围捕，梁兴和太行忠义社自觉无法对抗，于是南下投奔了大名鼎鼎的岳家军。

在岳家军，上过战场的梁兴很受岳飞重视，岳飞不但为他提供安顿之地，更资助他招兵买马，后来梁兴带领忠义社回到河北，继续和金国部队进行游击战，搅得金人头疼不已。金人为了铲除河北义军，派出了大将征讨，结果反被太行忠义社击溃，梁兴立此大功后，立即请求岳家军北上。岳家军在北上征途中，有了忠义社的支持，更是如虎添翼，不久便到达汴梁，结果没等到收复失地，岳飞便死于风波亭中了。

岳飞死后，河北各忠义社也顿感灰心，再加上宋廷已经不以收复失地为业，河北武人社团就这样一点点消失在历史的舞台上了。

南宋政府虽然较北宋政府更为宽松，但考虑到武人结社对于政府的危害，从此便严禁武人社团，宋朝武人结社的风潮就此才告一段落。只是民间没了尚武之风，整个南宋便越来越文弱，以至于只能偏安一隅，等待更强大的北方敌人来征服，而全然没有北征的能力了。

文人不比富，
读书人的简约美学

中国文化圈有这样一句话，"中国文化，造极于赵宋之世。"

虽然宋朝给人一种"积贫积弱"的印象，但事实上，当我们纵观中国古代史时，就能发现中国没有一个封建王朝，能与宋朝比民服民乐。早在宋真宗时期，宰相王旦就指出"京城资产百万者至多，十万而上，比比皆是"，可见宋朝人生活之富足。

这日子过好了，宋人们便将心思放到如何生活上了。比起现代人，宋人更清楚什么是生活，对于生活，他们也有一套独特的美学，那便是——简约。

有人说了，简约主义不是起源于20世纪的西方吗，怎么宋朝就有了？还别说，宋朝的简约主义风格，其实比西方早了将近一千年。

在唐代，人们都喜欢华丽的器物，比如北宋官员沈括在《梦溪笔谈》中就有记载："唐人做富贵诗，多记其奉养器服之盛，内贫眼所惊耳。如贯休《富贵曲》云：'刻成筝柱雁相挨。'此

宋　王希孟　《千里江山图卷》（局部）

下里鬶弹者皆有之，何足道哉。"

宋人嘲笑唐人喜欢华丽的事物是因为他们没见过大世面。而生活富足的宋人是见过大世面的，相比华丽的生活，他们更崇尚简约的生活美学。

熟悉宋朝历史的朋友都知道，宋朝官场几乎是"全员诗人"，每个人都爱作诗词，也能作好诗词。他们的生活十分悠闲潇洒，也很有生活品位。如今，我们可以从一些两宋时期的茶器、香器、文玩和字画中，一窥宋朝人的生活美学。

我们都读过宋词，在品味宋词时，相信大家都会有这样的感触：宋朝文人的心中，是真正有"山水"存在的。不管是范仲淹、欧阳修、王安石，还是苏轼、柳永、李清照，他们的心中都

有一片属于自己的山水。在文人们看来，这片山水比财富重要，比权势重要，正因为心中的山水澄澈，所以他们的生活才能潇洒、高雅。

为了彰显自己的品位，他们选择将心中的山水展示在纸上，所以宋朝的书画格外清秀隽永，宋朝的器物格外淡雅清丽。比如汝窑天青无纹水仙盆，虽然没有一点花边修饰，却给人一种朦胧简约之美，让人不由得优雅起来。再比如宋瓷冰裂纹，现在仍然在被模仿。这种沧桑美，也是宋人从生活中获得的美好感悟。

我们能从宋瓷中提取到的美学便是简约清雅，天青色的宋瓷随光变幻，有如清风朗月般的明净。即便我们未曾见过那如同雨后稍纵即逝的雾色，也能想象到它如烟波浩渺的灵动飘逸。宋瓷

清 佚名 《珍陶萃美册》 汝窑蟠龙洗

宋汝窑蟠龍洗

造之工
潤觀此器可見當時成
為油較官窑質製尤滋
汝州建青器窑屑瑪瑙
排小撐釘三考宋時命
底有環紋鐵骨無泐中
蟹爪汁紋器中隱起蟠龍
卵白汁水瑩厚通體有
分口徑五寸六分色作
高一寸五分深一寸三

轻盈，其色如雪，其柔如水，其阔如海，其动如烟。

不同于唐朝的腴美之美，宋人更喜瘦长。无论是人们的身姿，还是跃然纸上的字体。用宋朝的生活美学看，素雅与清丽才能彰显绰约脱尘之风姿。宋人尚意，美在风神。正是这样的风雅，才能让宋人的生活美学穿越千年，惊艳至今。

对宋人来说，他们收获幸福感的方式，就是增加一些简单的仪式感。春日里，人们可以折一支芍药放在案头，给生活增添一丝生气；夏日里，人们可以做一方粟玉软枕，消除生活中的丝丝暑气；秋日里，人们可以在出游时带一把交椅，让生活过得更加惬意；冬日里，人们可以在读书时，舀一勺香药入暖炉，给生活带去一缕暗香。

这些细节，是宋人对生活的热爱，看似简单，却给人带来了美的享受。美是一门艺术，也是一门学问。欧阳修《洛阳牡丹记》说："洛阳之俗，大抵好花。春时，城中无贵贱皆插花，虽负担者亦然。大抵洛人家家有花。"可见美就像宋女的闺阁，士大夫的案几，富人家的院落和街道旁的小店中插好的那一瓶瓶当季的花，它不再是帝王家的专属，在宋朝，它也可以流入寻常百姓家。

正所谓"虽贫者亦戴花饮酒相乐"，对宋人而言，生活是复杂的，同时也是简单的，它简单到只要有花便够了。可谁说，这种简单不是一种美好呢？

第七章 礼

宋人爱过节，
想尽一切办法带薪放假

　　"壬戌之秋，七月既望，苏子与客泛舟游于赤壁之下……"这是大文人苏轼《赤壁赋》的第一句，这句话的意思是元丰五年的七月十六，我和客人一起乘舟到赤壁下游玩……此时的苏轼正担任黄州团练副使。虽然是一个闲职，但也是正式国家公务员编制，苏轼是如何做到明目张胆脱岗旅游的呢？答案是，东坡先生并非脱岗，七月十六这一天在宋朝是国家法定假日。

　　宋朝应该是中国古代政治环境最为宽松的朝代，宽松的政治环境表现在厚待士人的政治规矩，政争不赶尽杀绝的官场默契，当然也表现在宽松的作息制度上。

宋　马和之　《后赤壁赋图》

　　可能是宋朝皇帝在骨子里也认同老子"治大国若烹小鲜"的理念，因此政治管理颇为"养生"，能休息绝不工作，能偷懒绝不勤快，从最高统治者皇帝，到下面的黎民百姓，宋朝人几乎是逢节必放假。

　　为了放假，宋朝还特意赋予一个部门研究放假的职能，它就是一直管理祭祀的"祠部"。祠部在隋唐时一般是管理国家祠堂、祭祀、僧尼度牒以及天文、漏刻等，因为有对时间历法的管理，因而也就顺理成章管理起了放假。

　　按祠部安排，宋代一共有三种假期，一是常假，就是我们现在理解上的休息日，这个假期每个月只有三天，较之于现在每周两天还是相对少了些。常假之外还有节假，顾名思义就是节日放假。宋朝过的节日和我们现在差不多，主要有寒食、端午、中秋、重阳、春节等。祠部管理的第三种假期是休假，所谓休假就是政府安排的、带有政治属性的休息日，例如天庆节、皇帝生日等。

　　这三种节假日看似每一种都不是很多，但如果放在一起就显得非常惬意了，《文昌杂录》记载，仁宗年间放假最多的一年，全体官员共计放假一百多日，按作息表一共有：

　　元日、寒食节、冬至节、天庆节、上元节各放假七日；先天节、中元节、下元节、降圣节各放假三日；立春、人日、中和

节、春分、清明、上巳、天祺节、立夏、端午、天贶节、初伏、中伏、立秋、七夕、末伏、秋社、秋分、授衣、重阳、立冬各放假一日；并每月上中下旬各放常假一日。

假日如此之多，就难怪像苏东坡这样的大学士能够既拿着国家俸禄又去游山玩水了，毕竟法律的规定就很宽松，谁又能奈何得了他呢？

洋洋洒洒几十个假日名目，相信读者一定会对宋朝官员的幸福生活感到羡慕，但这还不算完，在这些公共假日之外，祠部还贴心地为每一位官员准备了事假。

所谓事假，就是说官员们如果有家事在身，如果岗位不是特别繁忙，也是可以请假的。例如祠部规定，官员儿子行冠礼可以有两天假期，子女结婚可以有九天假期，父母在三千里外，每三年有三十天的探亲假，来回路上的时间另算；父母如果在五百里外，每五年则有十五天的探亲假，同样也不包括在路上的时间。

当宋朝的官员幸福，但毕竟不是每一个人都能当官，那么宋朝老百姓也能够享受这些假期吗？答案是看情况。

和其他朝代一样，宋朝也有很多官营机构，类似于现在的国有企业。在这些官方经营的作坊里的工人们，一年大概最少也可以获得六十多天的休假，这包括了每月三天的常假，传统节假和特殊事假。而且，宋朝还规定官营机构中夏天酷热的三个多月里，每日工作量要减半，且做完就可以走人，很类似于今天的"高温补助"。

但在私人作坊，政府的明文规定就管不到了，毕竟那个时候不流行强制休假，政府休假安排只是"指导性意见"，私人作坊遵不遵守完全在老板。不过，结合宋朝人其他方面对制度的执行延续情况，私人作坊应该会参考政府休假安排做出适合假期。

　　数量众多的假日，让宋朝人有足够的时间体会生活的乐趣，因此才奠定了宋朝繁荣的商业基础，更是出现了前所未有的旅游业向平民阶层普及的现象。

　　想想看，宋朝光是七天的长假就有五个，长假期间去做什么呢？最好的选择就是出去游玩，宋朝旅游业便因此繁荣起来。随着旅游业的逐步发展，交通、住宿、餐饮、娱乐、购物等相关产业也得到了发展，一个生机勃勃的自由大市场就这样诞生了。所以我们说，宋朝的繁荣并不完全是商人阶级的功劳，应该计第一功的其实是宋朝宽松的政治环境。

　　只不过，随着宋朝的终结，中国古代最宽松的政治环境便也不复存在了，到了元朝，国家法定假日被减少到五十天，明代建国，清苦人家出身的朱元璋更是一个喜欢每天工作的人，他自己不喜欢放假，臣子们便也不能放假，于是把假期缩短到三天：春节一天、冬至一天、他本人生日一天。看着日历上寥寥的三天假期，不知道明朝官员在想到两百年前自己的同行时心里的滋味如何。

　　仅从假期来看，宋代人的幸福是无与伦比的。在宋朝一年四季都有佳节，每一个节日都有着不同的内涵与仪式，而因为时间充裕，人们更能将最多的精力、最大的创意赋予在这些节日上，这便是宋朝真正流光溢彩的原因所在了。

跪着分餐不如
坐着合餐

　　关于分餐制与合餐制度的讨论，在新冠肺炎疫情下，又成了热门话题。在宋代以前，古人就餐多采用分餐制，而到了宋代，合餐制才逐渐取代了分餐制。至于哪种餐饮方式更好，不同的人有不同的考量，所以并没有办法确定一个统一的标准。

　　在宋代以前，吃饭的规矩要远比吃饭的氛围重要，分餐制的出现主要是由森严的等级制度决定的。不同等级或身份的人不能同桌吃饭，帝王与大臣所享用的美食也要在数量和种类上体现出差别，这就决定了当时人们就餐时只能采用分餐制，而无法采用合餐制。

　　而到了唐代，人们开始逐渐重视起吃饭的氛围来，许多普通家庭开始采用合餐制，而那些王公贵族依然在采用分餐制。直到宋代，王公贵族们才放弃了对分餐的执念，与家人坐到一起，以合餐方式用餐。

　　那为何合餐制会从宋朝时开始呢？难道是宋人不再讲究等级观念了吗？当然不是，宋代依然在乎等级观念，只不过各方面条

宋　钱选　《十八学士图》（局部）　宋人合餐

件齐备，让宋人没有选择地开始了合餐。

首先，到北宋时期，中国人口出现了较大幅度的增长。与此同时，宋代的粮食产量也呈现出稳定增长的趋势。人多了，粮食多了，分餐制也就变得可有可无了。

其次，宋代出现了二三十种烹饪技法，由此带来了美味餐食的"大爆发"，各式各样的美食在酒楼摊铺中出现。这些特色的美食以及热闹的夜市也为合餐制流行提供了条件。

最后，高桌大椅的出现也为合餐制取代分餐制提供了可能。在唐宋以前，古人用餐时一般采取跪坐姿势，这一方面与人们的衣着服饰有关，另一方面也与桌案的高低有关。采用这种跪坐姿势时，一人一案分餐饮食是较为合适的。

但在高桌大椅出现后，人们发现跪在高大的椅子上，显然没有坐着舒服，基于这种考虑，人们便开始坐着用餐。跪在一起吃饭不雅观，坐在一起却足够热闹，一家人围坐在桌边，气氛融洽地用餐，总要比一人一桌分餐而食要好得多。

当然，合餐制在宋朝盛行，并不意味着分餐制的消亡，至少在宫廷筵席之中，分餐制依然是主流餐饮形式。身为天子的帝王为了凸显自己的身份，是无论如何也不会与其他人同桌用餐的，即使换上了高桌大椅，皇帝的餐桌上也只能有自己一个人。

合餐制的盛行让饮食真正成为人与人之间情感沟通的一种方式，几个人围坐在一起用餐，所见、所闻、所感、所食都会有所不同。大宋小吃街的火爆多少也与这种合餐制有些关系，如果依然讲究一人一案分餐而食，那大宋百姓就只能在酒楼订完外卖后，在家中的桌案上等着美食了。

十四岁才能当新娘，
大宋拒绝"娃娃亲"

宋仁宗庆历二年（1042），辽兴宗声言讨宋，要求宋方割让关南十县（宋太宗时收回的后唐割让土地）。宋廷斟酌再三之后，决定派遣使者斡旋，而本来就没有打算兴兵的辽朝也就此借坡下驴，双方就此展开了外交战。

在谈判中，辽朝使者刘六符等要求宋辽通婚，宋方派公主到辽朝和亲，结果被宋使富弼拒绝，富弼拒绝的方式非常直接——"大宋祖宗成法，例不与外族通婚"。

宋辽庆历议和最终以宋朝增加岁币而告终，但是，富弼在谈判时用来拒绝辽朝的借口却值得我们研究一番，大宋真的不与外族通婚吗？

《宋史·太宗本纪》有这样一条："至道元年……禁西北缘边诸州民与内属戎人昏娶。"这条法令的意思是禁止宋朝西北边民和归附的少数民族戎人通婚，看来宋朝政府确实颁布过禁止异族通婚的法令。

宋朝颁布此条法令的目的自然是避免晋末五胡乱华和唐末沙陀人入主中原的事情再次发生，但从这条法令中我们看到的却是宋朝政府对于人民婚姻的行政干涉。

其实，宋朝政府在很多领域的行政管辖上面都是比较宽松的，但唯独对于婚姻制度的管束，宋朝政府却是始终绷紧一根红线的。

除了异族不可通婚之外，宋朝关于婚姻的规定还有一条——同姓不能通婚。

同姓不婚是中国传统禁忌，《左传》中有"男女同姓，其生不蕃"的说法，但对于这个禁忌是否准守，各朝各代都有不同的取舍，而宋代在这方面无疑是非常教条的朝代。宋朝政府规定，即便没有血缘关系，同姓也是不能够结婚的，一旦发现便要"杖离之"，可谓真正的"棒打鸳鸯"。

值得一提的是，宋朝虽然严格禁止同姓通婚，但是对于母系亲属之间的婚恋却没有限制。所以有宋一朝，表哥娶表妹、表姐嫁表弟的事情屡见不鲜，大诗人陆游的前妻唐婉便是她的姑表妹。再如姐妹同嫁一人，在宋朝也颇为常见，苏轼的两位妻子王弗和王润之就是堂姐妹关系。

除了同姓不婚，宋朝还严格禁止异辈通婚。所谓异辈通婚指的是婚姻双方相差辈分，因为古人结婚较早、生育较多，所以在几服之内经常出现同龄隔辈的情况，例如侄子和小姑妈同龄，外甥女和舅舅同龄等。这种情况如果在五服之外，即便通婚也不会有任何影响，但是宋朝对此却毫不让步，即便出了五服，宋朝也严禁异辈通婚。

在宋朝政府看来，异辈婚姻属于乱伦，会让"尊卑混乱，人伦失序"，所以从始至终，大宋政府都对此十分警惕。颁布于北宋初年的《宋刑统》严厉禁止异辈为婚，之后《名例律》《户婚律》《杂律》中又反复申明政府对此的态度。宣和元年（1119），徽宗皇帝也特别强调禁止异辈为婚，并对起其禁止范围和处罚方式都做了加强。

可以说，有宋一朝从上到下都很好地贯彻了异辈不婚的原则，不仅普通人，就连士大夫、皇族也不例外。

考崇十三房实斋府君之像　宋代夫妻

除了同族、同姓、异辈的婚姻禁忌之外，宋朝对于婚姻还有另外一项规定，那就是年龄，宋朝政府规定男子不得早于十五岁，女子不得早于十三岁，否则政府将予以家属重罚，这可以算得上是中国古代的未成年人保护法了。

那么，这条法律在当时能起到什么作用呢？你一定听说过"指腹为婚"这种事，"如果都生男孩，就让他们做兄弟，如果都生女孩，就让她们做姐妹，如果一男一女，等孩子长大以后就让他们做夫妻。"这种在小说中常见到的文字，在中国历史上确实曾风行一时，尤其是在士绅阶级，与同阶层人约为婚姻就像是给家族上的一份保险。

然而，对于还未出生的孩子来说，这种行为毫无疑问是不公平的，这门从小订下的"娃娃亲"无疑是束缚人的枷锁。于是，宋朝政府一纸规定——这种"娃娃亲"全都不算数。

我们要知道，宋朝的中国作为当时世界上经济最发达的国家，思想观念也确实走在了世界最前沿，当一个大宋子民，至少比同时代的其他国家的人是要幸福得多的。

大宋婚嫁必备:

父母之命，媒妁之言

　　婚嫁是大多数人最重大的人生喜事，往往又代表着两个家族的结合，因此无论中外，婚嫁礼仪都是一个民族思想和礼教的集中体现。宋代婚嫁礼仪在前代的基础上化繁为简，舍去了一些复杂不实用的过程，但关键的一些环节仍然保留了下来。

　　父母之命、媒妁之言是中国传统婚姻的先决条件，这个观念很长时间都顽强地存在着，不能不说其影响之深。宋朝婚姻也一样是遵循"父母之命、媒妁之言"的，所以宋朝婚嫁的主导依然是两个家庭。

　　在宋朝以前，儒家传统的婚礼以六礼为主，分别是纳采、问名、纳吉、纳征、请期、亲迎。而进入宋代之后，六礼化繁为简只剩下纳采、纳币和亲迎三礼，但为保持婚礼的仪式感，这三礼依然相当烦琐。

　　首先说纳采，它是一个从双方寻媒到定亲的整个过程。宋朝到了适婚年龄的男女，其父母就会请媒婆来到家里了解家里情况，然后再根据情况寻找合适的亲家。

　　媒婆需要了解的情况有家庭条件、家庭成员情况、男女双方长相等，媒人将这些信息整理到一张纸上，这张纸名为"草贴"。在整理好"草贴"之后，媒婆会去寻找能够相互匹配的人家，然后带上"草贴"去对方家里上门说亲。

　　经过媒人的介绍，如果对方家庭同意相亲，媒人就要把"草贴"交给对方家庭，另外还要交换双方的生辰八字。

　　古代人迷信命理，在结婚这样的大事面前，占卜、祷告必然是不可少的，而交换生辰八字的目的便是看一看双方命理是否相合，如果双方命理不合，那么到这一步就宣告相亲失败了。而要是双方命理相合，且双方看过草贴互相同意结婚，那么这第一步才就算是走成。

　　草贴问卜之后，双方开始真正的相亲。宋朝相亲一般是选择一个合适的时间，由男方准备礼物去女方家里，礼物一般是酒肉。

　　到相亲这一步，宋朝各地都有不同的风俗，有些不过是坐下来聊聊天，确定是否中意；有些则比较有仪式感，例如笔记小说记载有相亲风俗是男方准备四杯酒，女方同意

宋　宋人画杜甫《丽人行》

以后再添两杯，如果男方也中意女方，就将一支事先准备好的金钗插到女子头上……

无论是简单还是复杂，相亲的最终目的是成亲，在这一步完成之后，双方就正式进入下一个阶段——婚前准备。

婚前准备最重要的当然是定亲，定亲的日子一定要选择黄道吉日，中国黄历上适合结婚的日子很多。到了选定日子这一天，男方要将事先准备好的定亲礼物拿去女方家里，女方在收到了定亲礼物以后，要在家里的厅堂上摆设物品祭拜祖宗。祭拜仪式过后，女方家把准备的回礼送到男方家里，男方收到回礼以后，双方就要开始准备真正的聘礼和嫁妆了。

宋代聘礼一般没有定数，准备的数量和种类要看男方的经济状况，有钱的人家准备成箱的金银可以，普通人家准备点衣物、食物也可以。相对于聘礼，宋代的嫁妆则较为丰厚，因此结婚对于女方来说反而是一个负担。宋神宗公主出嫁，神宗皇帝送给驸马一大笔嫁妆，以至于一贯节俭的他在事后发出"嫁一公主，至费七十万缗"的感慨。

那么，如果女方家境不好，拿不出嫁妆怎么办呢？这时，男方就要多少为女方准备一些嫁妆，然后偷偷送给女方以掩人耳目。

相亲和定亲完成后，接下来就是真正的婚礼了。和订婚一样，婚礼更需要选好日子，在这个日子里，女方要早起梳妆打扮、祭拜祖先，男方则要准备一支迎亲的队伍去女方家迎娶。

男方的迎亲队伍到达女方家后，女方要设酒宴款待，等吉时到了之后，新娘就要上花轿前往男方家了。

到了婚礼现场，新娘先要经过一系列仪式，如拦门、坐鞍等，然后才可以到婚房稍作休息。休息片刻之后，司仪官要引新人出房，来到中堂上，依次按照婚礼流程叩拜天地、父母、家庙，接着新婚夫妻要行交拜礼，然后才是进入新房。

礼官这时还要把彩金和一些讨喜的物件撒在床上，新婚夫妻互饮交杯酒，最后双方留下少许头发用红绳捆绑在一起，称作"合髻"，婚礼仪式至此便告一段落了。

当然，新人在换装完毕后，还要至中堂向亲来祝贺的亲朋好友致意，待亲朋好友都道乏之后，这对新人也就正式成为夫妻了。

宋朝整套婚嫁仪式走完，让我们多少有点神往当时的热闹场面。凤冠霞帔、高马暖轿，中国人自古重视礼仪，而婚礼这样重大喜庆日子的礼仪更是必须要讲究。今天，我们已经习惯了相对简约、独立的现代生活，但是唯独婚嫁仪式，我们至今还保留着很多宋代时便已经有的做法，由此可以看出婚俗礼仪在中国人心中的重要性了。

大宋婚姻保护法，
离婚女方可以要回所有嫁妆

　　苏东坡文才绝伦且生性幽默，曾有首小诗送给朋友陈季常，"龙丘居士亦可怜，谈空说有夜不眠。忽闻河东狮子吼，拄杖落手心茫然。"这首诗后来被演绎为"河东狮吼"，陈季常也由此成为中国人怕老婆的代表。

　　陈季常怕老婆的原因，东坡居士没有写，我们也无从得知，但有宋一朝，丈夫普遍怕老婆却是不争的事实，这里面除了有相敬相爱的感情之外，更有着深层次的经济原因。

　　中国古代女性给大家的印象往往就是相夫教子、地位低、没有权力，似乎历朝历代，结婚后的女子只能本本分分做一个主妇，说不定哪天熬成黄脸婆，丈夫还会另结新欢，如果此时犯了妒忌，说不定就会得到一张休书……

　　但实际上，在中国大多数朝代，女性的地位多少还是有一定保障的，比如宋朝对女性的经济保障就是一个证明。

　　在宋朝，政府明确规定了女性有婚前财产的独立权，也就是说，女性的婚前财产归个人所有，当婚姻破裂之后，这笔财富要跟随女性转移，而不进行分割。那么，宋朝女性都有哪些婚前财产呢？当然就是她出嫁时的嫁妆。

在订婚阶段，女方会给男方送定帖，定帖内容就有女子婚前财产清单。而有宋一朝，女性嫁妆又颇为丰厚，大名士苏辙有五个女儿，每个女儿一大笔嫁妆，为嫁女几乎到了倾家荡产的地步。秦桧老婆王氏出身宰相之家，嫁给秦桧时带了数万贯钱做嫁妆，如此秦桧即使想休妻也要考虑考虑后果了。

更有甚者，出于女性无法参与娘家分家的考虑，在女性出嫁的时候，往往给予她较之于男性更多的陪嫁作为补偿。例如名臣范仲淹在制定族规的时候就提倡，范氏娶妻花费当为20贯，嫁女则陪嫁30贯，女性嫁妆比男性彩礼高出1.5倍。

如此多的嫁妆，带去婆家是怎样的体验呢？宋朝法律规定"妇人财产，并同夫为主"，也就是说，女子带过来的嫁妆支配权在自己手中，可以与丈夫共同使用，但潜台词是也可以不同丈夫一起使用。

也就是说，如果夫妻和睦女方又较为大度的话，便会把嫁妆拿出来当作家中日常开支，但如果女方不肯拿嫁妆出来共享，则男性一点办法也没有。不但男性没有办法，婆家的长辈、叔伯、姑嫂都不可以觊觎这笔财产。

而如果出现意外情况，例如两个人婚姻破裂，则要经由政府分割这笔财产。女方是过错方，则男性可以分割财产；如果女方不是过错方，男性无故休妻，则不但女方的嫁妆全部归她自己带回，共同的家产也要分割给女性。

而此时，如果女性的嫁妆已经花掉，则男性卖房子卖地也要把之前花了的嫁妆补齐，给女性带回去。有这样的法律做保障，也就难怪女方的父母愿意为女儿置办大笔嫁妆了，毕竟有这笔财富傍身，婆家即便想找事的时候，也要先掂量一下。

所以，让我们再回过头读一读苏轼那一首小诗，做一个猜想：也许陈季常的夫人是带了大笔嫁妆出嫁的，所以平时在陈家说话胆气十足，陈季常即便再惧怕河东狮，也不能一休了之，否则后面的经济问题就难以解决。

有经济地位做支撑，宋朝女性虽不会各个都如河东狮，但也不必在丈夫面前战战兢兢，也只有这样才能够在相爱时举案齐眉，在感情破裂时不卑不亢。

在洪迈《夷坚志》中，就有这么一个不卑不亢的女子。洪迈说有一个名为王八郎的商人，在外面养了个娼妓，他和娼妓每日花天酒地，于是便开始嫌弃起为自己操持家务的"拙荆"来了，时时寻妻子的不是。

王娘子与八郎结婚多年，已经有了四个孩子，其中三个孩子已经成家，此时闹出这种事来，连日火冒三丈，于是"执夫袂，走诣县"，拉着八郎到县里打官司去了。

王娘子很有心计，在告状之前便已经藏匿了一些家产，在县官那里，又痛诉八郎不忠，于是县官大笔一挥，以前藏匿的财产就算作王娘子之前的嫁妆，现在剩余的财产两人一人一半。

这个时候，八郎又想要小女儿的抚养权，妻子便抗议"夫无状，弃妇嬖倡，此女若随之，必流落矣"。就是说八郎有婚外情，连结发妻子都嫌弃，如果这个女儿判给了他，肯定过不了多久就要在外面要饭！最后"县宰义之，遂得女而出居于别村"。

王娘子的故事看得让人十分解气，可以说正是有宋朝开明且正义的社会风气，才让宋朝女性敢于做王娘子。

此外在宋朝，不仅女性为自己争取个人权利，很多男性也乐于站在女性一边。例如范仲淹的儿子范纯佑死去，范仲淹就做主儿媳妇改嫁给门生王陶，并赠予大笔嫁妆。大臣支持儿媳改嫁甚至影响到了皇室，以至于连皇帝的妃子也能改嫁，宋史记载，光宗贵妃张氏就"后出嫁于民间"，想来也是从宋朝皇室拿走了不少的嫁妆。

宋朝女子不但能改嫁，改嫁之后还丝毫不会影响到名声。有个年轻的女性孙氏一共改嫁了三次，最后还被朝廷封为命妇，有人评价说："妇人女子有节义，皆可记也。如孙氏，近世亦稀有也。为妇则壁立不可乱，俾夫能改过立世，终为命妇也，宜也。"

即使是孙氏改嫁了三次，依然被大家认为是有节操的好女子，所以受封是实至名归，仅从这一件事上，我们便可以窥见宋朝之开明，想来如果这事情放在明清时期，那简直是连想都不敢想的。

火葬武大郎，

是习俗还是毁尸灭迹

小说《水浒传》里面有这样一段：潘金莲和西门庆偷情被武大发现，两人因为丑事败露杀害了武大，武大死后，西门庆找到县内专门办理丧葬业务的何九叔，为武大郎办理又便宜又快捷的火葬。

读到这里，有些读者可能会产生疑惑，中国古代讲死后留全尸，两人却将武大火葬，想来是怕武松回来开棺验尸，因此先下手为强，但这样一来，不更加重了武松的怀疑吗？

其实，有这样想法的读者主要是不了解宋朝的丧葬礼仪。有宋一朝，火葬并不是什么大不了的事情，民间因为各种原因选择火葬的比比皆是，以至于到宋朝末期，火葬已经近乎成为丧葬礼仪的主流了。

为何宋朝流行火葬呢？一方面是社会经济的发展，人们思想越来越开放，因此相比于前朝更容易接受习俗的变更。另一方面，也因为具体的条件限制，例如没有土地进行土葬。

成书于北宋末期到南宋初期的《宋朝实施类苑》记载："河东人众而地狭，民家有丧事，虽至亲，悉燔热，取骨烬寄僧舍中。以至积久，习以为俗。"

河东就是今天的山西大部和河北西部，此处多山而少田，土地狭窄但历来人口众多，很多没有田地的人死后，亲属将其火葬让后寄存到寺庙里也是无奈之举，但久而久之就演变成了一种风俗。

除了河东地区，关中、山东、湖北、四川等地也都有火葬的记载，宋刘挚《忠肃集》记载："楚俗死者，焚而委其骨于野。"讲的就是湖北地区的火葬习俗。火葬流行的方式各异，但原因无外乎"缺地""缺钱"。

宋代是土地私有制盛行的时期，虽然国家成立初期向人民均分土地，但挡不住大官僚、大地主及佛教寺院兼并土地。据统计，到宋英宗时期，全国土地中百分之七十左右的垦田已经落到了大地主的手中，在这种状况下，大量的贫农可谓是"死无葬身之地"了。

从大量的文献资料来看，宋代的人们之所以采取火葬主要是出于经济的原因，除了没有土地，还因为实在是没有资产进行土葬。宋代初期土葬相较火葬，其耗资是非常大的。

我们都知道唐朝是流行土葬的，即便没有土地，唐朝人也会采用其他办法变通。那么在唐之后的宋，其火葬习俗的发端又来自何处呢？答案是"胡风"。

《东都事略》有这样一段文字："近代以来遵用夷法，率多火葬。"火葬是"夷法"，顾名思义就是来自周边其他民族的

宋　佚名　《燃灯佛授记释迦》　宋代佛教的广泛传播

习俗。

　　北宋上承五代十国，又与契丹长期共存，因而民俗多受奚、契丹、沙陀等民族风俗影响，火葬就是其一。例如契丹原始的丧葬习俗便是先天葬再火葬，史书记载："（契丹）父母死而悲哭者，以为不壮，但以其尸置于山书之上，经三年后，乃收其骨而焚之。"

　　父母死后放置三年，然后再进行火葬，且不能"悲苦"，否则便会被视为不尊重。这样的民风不可谓不彪悍，想来宋人第一次见到此事的时候也多少会有点悲戚，但在长期的交流与融合下，也渐渐意识到其中不无可取之处，于是，火葬开始走入宋朝丧葬礼仪之中。

　　不过，习俗的改变是循序渐进的，北宋初年全国各地虽然已经有了火葬的现象，却也并没有大范围流行，在平民中所占的比例不高，只有在一些特殊的行业中才广泛存在，例如佛教徒。这种情况一直持续到北宋中后期，到北宋末年时，火葬的范围便已经比宋初广泛很多了。

　　尤其是南宋建立之后，见证了国破家亡的宋人逐渐变得虚无，精神追求接近于东晋玄虚，因而火葬彻底流行开来，而流亡士人聚集的两浙路也就成了火葬最为盛行的地区。

　　而且，宋代佛教思想逐渐世俗化，宋代皇帝虽然没有唐代皇帝那么崇佛，但佛却走入了民间，和人们的生活融为一体，这一点，只看北宋大相国寺成为汴梁的商贸中心就可以体会。佛教是历来都主张火化的。随着佛教在我国宋朝时期的广泛传播，对我国民间丧葬习俗的影响也就越来越大。一些富裕的家庭，在为亲人即将火化时，一般要请高僧念经超度，并且火化场所也大多都在寺院中进行。这样强大的仪式感，最终冲淡了中国传统"死后全尸"概念的坚持。

　　宋高宗时的户部侍郎荣薿曾上表说："臣闻吴越之俗，葬送费广，必积累而后办。至于贫下之家，送终之具，唯务从简，是以从来率以火化为便，相习成风，势难遽改。"《清波杂志》中也记载："浙右水乡风俗，人死，虽有富有力者，不办蕞尔之土以安厝，亦致焚如。"富人逐渐采用火葬，可见火葬已经遍布所有阶级了。

宋代中后期火葬的盛行，给当时以及后世社会带来了重大影响，火葬的盛行改变了宋代社会的伦理道德，使传统的、烦琐的传统丧葬礼制遭到严重的冲击，这种冲击最终也影响到了宋人对于儒家传统忠孝仁义、家国情怀的理解。

到了南宋末期，宋廷政治败坏、威望日低，民间早已不拿宋廷当一回事。在中国传统社会，这样举国上下都看轻看贱朝廷的景象可谓奇观，而实现这一点的，正是宋人无比开放的思想。想来这种思想的形成，丧葬之礼的改变是"功不可没"的。

敬老扶弱，
宋朝不只有福利公墓

福利公墓

今天，如果拥有医保，去医院看病时，我们可以享受到国家的补贴；如果上了商业保险，在符合理赔条件的情况下，保险公司会根据相关规定进行审核，通过以后，就会根据具体情况进行理赔。伴随着国家的繁荣发展，这种福利待遇越来越普及。其实，在一千多年以前的宋朝，这种福利待遇也是存在的。

北宋末期，战乱频发，有很多人客死他乡，为了收敛这些尸体，政府设置"漏泽园"，对尸体进行集中埋葬。当时的"漏泽园"相当于现在的福利公墓，一些没有亲属的死者也会被安葬在这里。

这种政府福利公墓，除了确保没有亲属的死者可以入土为安，在客观上还可以起到保护环境的作用。由于当时的医疗水平有限，尸体如果长时间暴露在空气中，很可能会引发瘟疫等灾害。设置福利公墓来安葬尸体，在一定程度上也起到防止瘟疫的作用。

医疗制度

在漏泽园之外，宋朝政府还制定了一些其他福利制度，以保证百姓在遇到一些不可抗力的侵害时，可以得到一些基本的保障。其中，宋代的"医疗制度"撑起了社会福利的半边天。

宋朝的"医疗制度"主要表现在以下几个方面：

第一个方面是给贫民提供低价药品，免费诊治。宋代，在京城以及各州县都开设了官方药店，朝廷通过这种药店向百姓提供一些低价药品。除了低价药品外，当时的官府还会开展一些官方义诊和施药活动，免费为贫困百姓进行诊治并且发放药品。

第二个方面是设置贫困病人收治所，给贫困病人提供必要的疗养场所。这其实就相当于现在的福利医院，那时的福利医院被称为"安济坊"，《宋会要辑稿·食货》中记载了安济坊的收容规定："凡户数达到千户以上的城寨，均要设立安济坊，凡境内有病卧无依之人，均可送入安济坊收治。"

敬老扶弱

政府不仅为普通百姓提供上面这些福利，还

宋　李唐　《村医图》

为那些丧失生活能力的人提供了收容场所。南宋在京城临安府仁和、钱塘县设立了"养济院"，专门用来收养乞丐和无家可归的人。有一些退伍军人生活不能自理的，也由原来的军营安置到这里收养，让他们不至于流离失所。

在设立"养济院"之外，宋朝政府一般还会在十一月开始发放救济食，这种活动一直会持续到第二年的三月。

上面提到的是一般情况下朝廷对贫苦百姓所提供的基本救助，当遇到特殊情况，比如雨雪灾害或灾荒时，宋朝皇帝还会下令收养那些老弱病残和无家可归的人。《宋史》有载，神宗时京畿遇大雪，神宗皇帝便下诏要求朝廷收养老弱病残以及遭遇灾害的人。

当遇到水灾或地震时，官府还会派官员到遇难者的家中给米帛慰问，并根据房屋被压塌、损坏的情况适当给予补贴。如此一来，宋朝的百姓连保险都不用上，便可享受到朝廷的慰问与抚恤，这种福利待遇可以说是非常贴心周到了。

皇帝对老弱百姓的态度给官员们做了一个最好的示范，这直接影响了官员和士大夫对普通百姓的态度。一时间，宋朝的官员和富人们都变得"乐善好施"起来，这种敬老扶弱的社会风气便逐渐形成并传播。

例如通州知州吴遵路，给那些灾区逃荒来的百姓建了上百间草房，拿自己的薪水买粮食蔬菜，每天供给饭食茶水，生病的给医治……百姓爱戴吴遵路就像是自己的父母一样，即使过了四十多年，当地的百姓对吴遵路仍然称颂不已。

当然，这一切保障都是以朝廷政治清明、国家稳定富足为前提的。如果朝廷自身难保，哪还有能力去管百姓死活。

　　宋朝的福利待遇在一定程度上为百姓带来了实惠，但在这些方面的支出多少也影响到了朝廷整体的财政支出。宋王朝的财政情况在很长一段时间都有些捉襟见肘。

第八章　乐

雅集，
大宋士大夫玩"轰趴"

作家王小波曾说过一句话，"一个人只拥有此生此世是不够的，他还应该拥有诗意的世界"。诗意的世界也许是远离了眼前苟且的远方田野，但真正的诗意就藏在平凡且琐碎的生活里，不关乎身行，而在于精神。于是，近两年流行起一种说法，叫作"生活需要仪式感"。所谓仪式感，简单来说，就是花点心思，让日子变得有意思。仪式感，可以让灰头土脸的日子熠熠生辉，也可以让柴米油盐变得诗情画意。

然而，在"仪式感"的营造上，尽管今人百般侍弄，相比于古人，尤其是古代文人，仍旧是马尘不及。

约上三五好友或是数十同道，带上笔墨琴画，寻一幽静之所，行于山木、卧于林下或坐于水边，斟满几杯浓烈的酒，焚上一支清新的香，而后在悠扬的琴声中，插花赏画、吟诗作对、写词作赋、畅谈理想……这大概是最有"仪式感"也是最难得的一件事情了，而这种类型的聚会，在古代对于文人而言，却极为稀松平常。

在古代，文人文士间以庆贺、交谊为名义，以游艺、玩乐为目的，相聚一起吟诗作赋、弹琴赏花、饮酒品茶的集会，被称为"雅集"。"雅"有中正，美好，合乎规范之意；"集"意为汇合，聚集，二者相结合，即为尚雅之人以雅情怀行雅事物的聚会。

雅集是古代文人文士进行文化生活的一种常见方式，历朝历代皆有之，而在文娱业十分发达，文化产业极为灿烂的宋代，士大夫的雅集也焕发出别样的生机来，被后人津津乐道。

宋朝雅集中的典范，非"西园雅集"莫属。对于宋朝，人们常用"大俗与大雅并存，理想与现实并重"来形容，如果说《清明上河图》反映的是宋朝现实生活的大俗，那么，《西园雅集图》象征的便是宋朝理想世界的至雅。

北宋元丰年间，驸马都尉王诜多次邀请苏轼、李公麟、黄庭坚、米芾等文人雅士到自己位于开封府的私家宅院中相聚游玩，他们或弹琴和曲，或写书作画，或谈经论道，或拨阮题石，或焚香点茶，尽风雅之事，极宴游之乐。后来，王诜请善于作人物画的李公麟将自己与好友苏轼、苏辙、黄鲁直、秦观、米芾、蔡肇、李之仪、郑靖老、张文潜、王钦臣、刘泾、晁补之、圆通、陈碧虚十六人以及相伴的侍女、书童作于一幅画中，取名《西园雅集图》，又邀米芾为画书写了题记，名为《西园雅集图记》。

由于苏轼、苏辙、黄鲁直、米芾等都是千年难遇的奇才，后人景仰之余，纷纷摹绘《西园雅集图》。著名画家刘松年、马和之、赵伯驹等，都曾画过《西园雅集图》，以至于"西园雅集"走出了时代，成为中国人物画家的一个常见画题。

西园雅集的十六位嘉宾中，既有"书法四大家"中的苏轼、

宋 刘松年 《西园雅集图》（局部）

黄庭坚、米芾，也有"苏门四学士"黄庭坚、张文潜、晁补之和秦观，还有"苏门六君子"中的陈师道，以及善于作画的李公麟、米芾、王诜、蔡肇、刘泾，藏书家王钦臣，高僧圆通，道士陈碧虚以及苏轼的弟弟苏辙、同事李子仪等人。

　　从嘉宾的阵容来看，这是一个典型的文人朋友圈；而从与会嘉宾的人物关系来看，聚会虽是王诜召集的，但参与之人大都与苏轼相关，也可以说是以苏轼为中心的朋友圈。

　　当时，苏轼备受文人推崇，是继欧阳修之后的宋代文坛领袖，有着众多拥护者，爱好文学雅事的王诜也是苏轼的超级粉丝。

　　《水浒传》中说到高俅的成名史时曾提到，高俅本是一市井无赖，十分讨人嫌，后来几经辗转到了小苏学士府中当书童，小苏学士又将其推给了小王都太尉，后来，高俅替小王都太尉到端王府送信件时，以高超的球技获端王赏识，到端王登基称帝时，高俅受封当上了太尉。其中提到的小王都太尉，在历史上确有其人，就是王诜。

　　王诜，字晋卿，官至定州观察使、昭化军节度行军司马，开国公，其曾祖父乃宋初名将王全斌。虽为名将之后，王诜却并不喜欢舞刀弄枪，反而对琴棋书画十分着迷，而其优渥的生活条件也为他

追寻风雅提供了便利。衣食无忧、生活闲散的王诜十分喜欢与文学圈的人来往，不仅爱结交名流大咖，也常做穷酸文人的金主。与士大夫之间往来、雅集不断，经常呼朋引类到自己府中作客。苏学士原本与王诜的叔父相交，一来二去也就成了王诜的座上宾。与苏轼相识后，王诜的朋友圈便开始围着偶像转，他常以"谈心、创作、游乐"为由邀请苏轼及其朋友到自己的园子里坐坐，而这些名副其实的雅士们凑到一起，所做之事自然高雅非凡。

雅集在宋代之所以格外活跃，除了政策使然、时势造就，也赖于文人们的思想情怀。宋代的文人，常给人一种豁达洒脱、悠然潇洒的感觉，他们很少为权力富贵所累，即使致仕为官，也依然保留着身为文人的秉性。这是因为他们心中有着比追名逐利更为高远的追求，也更明白生命存在的意义和价值。

宋朝的文人不仅擅长诗词歌赋，而且精通绘画、音乐、书法、膳食，向来有极高的生活品位，崇尚简约淡雅。

宋代名画《春宴图》就记录了一次特别的文人聚会，称得上一场"极简"雅集。没有珍馐玉饮，没有奢华之物，只在园子里摆上一张桌子，放上几只简单的器皿，一众好友围坐一起，推杯换盏，相谈甚欢。

《春宴图》虽是以唐代十八学士雅集为典故而重现的宋人聚会场景，但这种形式的雅集在宋代并非偶然。司马光所著《会约》中也记录过一次类似的聚会——参与人数十二，这十二人都曾在朝为官，皆不是落魄之人，但他们却食不过五味，所用器具也极为朴素，菜羹要吃完后才会补充……

这样特别的聚会，邀请方式也独具特色。召集者会写一张通知单，上面标明聚会时间地点，然后让人逐一去往友人家通知。被邀之人凡是在单上签了字，就表示一定会参加，到了约定时日，自行赴约即可。

不过，不管是极简还是稍奢的雅集，选择的聚会地点都无一例外与自然相近。宋代文人往往会把对志向与生命意义的探寻融于自然中，常寄情山水，亲近草木，因而一群志同道合之人把酒言欢之地自然也要处于山水中，且不仅仅是宋代，中国历史上每一场精彩的雅集几乎都是在山水清嘉的郊野或是园林中进行的。

从与会目的到参与之人再到所行之事、进行之所，雅集真可谓是个中"大雅"的集合，毫无庸俗之气，更无粗鄙之意。

古人"尚礼"，常把"礼仪"摆在第一位，于是在上下五千年的历史发展中，诸多规矩仪式得以传承保留下来，中华民族也始终以"礼仪之邦"立于世界之林。而文人的"礼"是刻在骨子里的，不仅重于形式，也富于精神，这种形式与精神并存的"礼"，即为"雅"。

"雅"可看作文人们的代名词，也是他们无上的追求。雅集，通俗来说，就是一场文人间的朋友聚会。

喝茶也要"拉花"，
大宋点茶文化

　　电视剧《知否知否，应是绿肥红瘦》中有这样一个片段：盛家老太太邀请孔嬷嬷到盛府教导自家的三个孙女学习礼仪，包括点茶、焚香、插花以及其他各种规矩，娇憨的二孙女如兰因为点茶没有学好，还被母亲一顿说教……

　　这部电视剧虽然没有点明故事发生的具体时间，但从其服道化来看，是在宋朝。这部电视剧也的确高度还原了宋朝时官宦人家的生活，既有投壶、射马的娱乐活动，亦有读书练字的学习场景，更有点茶插花的生活艺术。

　　在人们普遍追求品质生活，享受闲情雅致的宋代，艺术活动早已经是其生活中不可或缺的存在，其中点茶更是文人墨客常行之事，也是官眷们不可或缺的技能之一。

　　点茶、焚香、插花、挂画被宋人合称为生活四艺，四者之中，又以点茶为首。何谓点茶？点茶即一种沏茶方式，流行于唐宋时期，在宋代时尤为兴盛。

中国茶史上历来有"茶兴于唐，盛于宋"的说法，宋人的饮茶习惯也正是沿袭唐朝以来的抹茶传统。

唐以前，喝茶并不是主流，到唐代时喝茶才蔚然成风，至中后期，茶文化高度繁荣，最早关于茶的系统著作《茶经》就是茶圣陆羽在这一时期完成的。当时，社会各个阶层，上到皇家贵族，下至平民商贩，几乎人人都喝茶，也是从那时起，喝茶开始有了仪式。

在喝茶的众多仪式中，"制赏沫浡"是非常另类且极具情趣的一种。《茶经》中提到，将做成茶团的茶叶磨成末，然后放进汤锅里进行烹制，这时候就会出现一些泡沫，这些泡沫在当时被称为"沫浡"。在不同的条件下，沫浡的形态也不尽相同，有的薄有的厚，薄的像花，厚的像乳花或蜡。

将茶烹出沫浡或者用茶筅搅拌至生沫再饮用，正是唐人的饮茶习惯，这种饮茶方式被称为"抹茶"或"末茶"。唐之后，"抹茶"习惯也有过一些发展，至北宋，"点茶"的方式得以出现。点茶虽袭承抹茶，但是两者却有很大的不同。

点茶是先将茶叶碾磨成粉末，然后将茶粉或茶末放进茶碗，然后加一点水将茶末调成茶膏，接着通过注水打出"花"来，这种做法有点类似我们现代的咖啡拉花，可以说，宋朝人点茶的目的就是为了"拉花"。当然了，那时并没有"拉花"的说法，而是叫作"乳花""沫浡"或者"雪乳"。

宋代的"点茶拉花"之所以成为一门生活艺术，关键是在于它的可控制性。与唐代汤锅中调弄沫浡不同，宋代点茶是在茶碗中向茶膏注水，注水的方式十分复杂，而注出的泡沫形态可以根

宋 刘松年 《斗茶图》

据注水方式的不同进行调节。在这过程中，点茶者需要凝神静气，颇有耐心，还需掌握一定的技巧，才可制作出漂亮雅致的沫浡来，因而这也不失一种怡情养性的活动。

宋人的点茶，是一件非常复杂的技巧活，想要学会，必须下一番功夫。

点茶共有五步，即碾茶、罗茶、候汤、熁盏、点茶。

碾茶，即将制成团的茶（茶饼）用绢纸包住，放在火上烘焙干燥，之后，用槌将其击碎，再用天然石磨碾磨成粉末。被槌碎的茶饼必须马上碾压，若搁置时间太长，用之沏出的茶颜色就会昏暗不清。

罗茶，指的是待茶研磨成末后，用"箩"筛滤，将粗的茶屑滤除，将细的茶粉放入茶盏。

候汤，就是烧制点茶所需的清水。古人对饮茶的讲究颇多，跟我们如今随便放些茶叶，倒点水是完全不同的，他们对沏茶的水质也有要求，首选山泉水，其次是井水。

熁盏，也就是我们现在所说的"温杯"，在正式点茶前，将所需茶具用开水冲涤。

点茶，是最后一步，亦是最重要的环节。点茶时，首先要将茶末放入茶碗，一般来说，每碗茶末的用量约为"一钱匕"，然后向茶碗中注入少量开水与茶末混合，将后者调成均匀的膏状，之后，再一边向茶碗中注开水，一边用茶匙或茶筅击拂。

可以说，点茶是一项艺术性与技巧性并存的技艺，在宋代时，点茶技艺高者被称为"三昧手"，如苏轼《动南屏谦师》中有云："道人晓出南屏山，来试点茶三昧手。"

既有点茶高手的评判，也就表示在宋朝时，点茶赛事是不可少的，当时，斗茶之风极盛，尤其在文人雅士中最为流行。

既然是比斗，必定要分出胜负，而要分输赢，则必须有评判的依据，宋朝时斗茶胜负的标准主要有两方面，一是茶色，二即汤花。

茶色，即茶的颜色，除了与上面我们提到的茶叶的碾制过程相关外，还与茶叶的种类有关。茶色一般以纯白为最佳，其次是青白、灰白、黄白。好的茶叶，再经过专业的制作，沏出的茶色往往是纯白的。当时，宋人喝的好茶一般产自福建建州（今建安）一带的凤凰山。

汤花，即沫浮，汤花优劣的标准也有两条，一是色泽，二是水痕出现的早晚，也就是汤花持续的时间长短。汤花散开时，汤与茶盏相接处会出现水痕。

汤花的色泽与茶色是一致的，因而评判标准也相同。至于水痕出现的早晚，则与点茶者所掌握的技艺密切相关。若茶饼被研磨及时，粉质细腻均匀，没有杂质，更重要的是注水、击拂恰到好处，拉出的花必定纯白匀细，且能紧咬盏沿，久聚不散。

宋人点茶，品的是味也是色，品的是心境也是人生。

勾栏瓦舍，带你
逛一逛大宋"夜店"

宋代的勾栏瓦舍

熟悉中国历史的朋友应该不会对"勾栏瓦舍"这四个字陌生，尤其是拜《聊斋志异》所赐，提到这四个字我们首先想到的就是烟花场所。然而，宋朝的勾栏瓦舍却并非这样，很多勾栏非但不是烟花场所，还是一些文娱活动的所在。

《东京梦华录》记载：街南桑家瓦子，近北侧中瓦，次里瓦，其中大小勾栏五十余座，内中瓦子莲花棚、牡丹棚，里瓦子夜叉棚、象棚最大，可容千人。

五十余座勾栏，动辄容纳千人，这要真是烟花场所，那真让人怀疑宋朝人得是多么低级趣味。

北宋民风开放，宋太祖赵匡胤一开始就取消了历朝历代一直延续的宵禁制度，虽然真宗和仁宗时期曾短暂恢复过宵禁，但是由于一直以来汴梁城里的人们习惯了夜生活，因而官员们也乐得睁一只眼闭一只眼。双方都不给对方添麻烦，各自方便，其乐融融。

　　漫漫长夜，人总是要消遣娱乐的，随着百姓的需求日益提高，慢慢形成了宋朝时期特有的勾栏瓦舍。

　　那么什么是勾栏瓦舍呢？"勾栏"亦称"构肆""游棚"，最初指的是场地周围的围栏，宋朝有大量的民间文娱表演活动，在这些活动向室内转移之后，场地逐渐舞台化，而舞台四边围绕的护栏和座位就统称为成为"勾栏"，到最后，"勾栏"干脆成为文化娱乐的代名词。

　　"瓦舍"又称瓦子、瓦市、瓦肆，宋朝的房屋上有屋瓦遮顶，越是庞大的建筑，瓦片的面积越大，因此"瓦舍"就成了大型建筑的代名词。

　　结合在一起，勾栏瓦舍便是进行大型文娱表演的场地，有点类似于今天的剧院、茶楼、电影院的综合体，通俗来讲，勾栏瓦舍便是宋朝的娱乐中心、夜店消费场所。

丰富多彩的娱乐项目

　　因为宋朝盛行夜生活，无论平民百姓还是王公贵戚，无不以夜入勾栏为乐，这也就导致了宋代勾栏异常的火爆。

　　《水浒传》中，燕青带着李逵潜入东京汴梁城观赏元宵花灯，就是先到勾栏瓦舍看热闹。"两个手厮挽着，正投桑家瓦来。来到瓦子前，听得勾栏内锣响，李逵定要入去，燕青只得和他挨在人丛里，听得上面说平话。"李逵这样的黑铁塔，还需要和他人拥挤在一起，勾栏瓦舍的热闹可见一斑。

　　而这里描述的平话，正是勾栏瓦舍的主要文娱表演活动之

宋 佚名 戏曲画《眼药酸》 勾栏里的文娱表演

一。今天，我们知道的四大名著中，有三本成书于明末，但其实，《三国演义》和《西游记》的故事在宋朝时便已成型，后人不过是在宋人基础上进行的再创作，而勾栏瓦舍正是诞生《三国演义》和《西游记》的地方。

平话的出现，正是市民文化繁荣，整个社会需要精神追求的写照，这种对精神的追求甚至一直延续到了今天。例如，今天我们听到很多的单口相声往往出自明末冯梦龙的《三言二拍》，而其中大量的故事，其实都可以追溯到宋朝时的平话，这一点就连冯梦龙都是承认的。

不过，平话再精彩，总不能全汴梁人全部出来听平话吧？所以勾栏瓦舍中除了平话肯定还有其他的文娱节目。

据记载，除了平话之外，宋代的勾栏瓦舍中最吸引人的表演便是相扑。

先秦时我们中国人就发明了相扑，一开始是作为军队强身健体锻炼之用，发展到了宋朝便已经开始有表演的性质了。宋朝的相扑又称角抵、角力，在相扑中，表演双方可以用拳脚进行击打，也通过一些格斗技巧进行角逐，这样强对抗性的运动自然能够招徕观众，因此有宋一朝市民们对于相扑可谓趋之若鹜，尤其是有大牌相扑选手竞技时，整个城市甚至万人空巷，活像今天的重量级拳王争霸赛。

文的平话、武的相扑都看过了，我们还可以看些当时看来很新奇的节目——傀儡戏。现在科技发达，我们看那时候的东西确实不怎么新鲜了。但是在当时，傀儡戏真的很受欢迎。

想象一下，在当时没有电影电视剧手机直播，甚至连收音机留声机都没有的时代，艺人们用傀儡完成一些人们想象不到的动作，再把剧情加在里面表演，再加上好听的唱腔和叙述，怎么能不受欢迎呢？

除了傀儡之外，还有诸如马戏、戏法、杂技等各式各样的表演，这些表演再加上一些喜剧活动，才构成了真正的大宋夜生活。

而且，流光溢彩的勾栏瓦舍并非首都汴京才有，在首都以外的州城府县和繁华的集市，处处都有勾栏瓦舍的出现。而宋迁都杭州后，一大批艺人也南下临安，使得本就繁荣的临安夜生活有增无减。

《武林旧事》记录了南宋临安有瓦舍二十三座，《梦粱录》《西湖老人繁盛录》也有记载，当时临安最大的娱乐中心便是北瓦，内有勾栏十三座，日夜表演各种各样的节目，每日有数千市民在此游乐休闲。

钉鞋？气泵？宋朝人
都发明了哪些足球用品

正如前面提到的对羊肉的狂热喜爱一样，宋朝人对踢足球这件事也表现出了同样的狂热，甚至很多人可以不吃羊肉，但足球却是一定要踢的。

专业的足球装备

在宋朝，踢足球被称为"蹴鞠"，这里所说的"鞠"原是一种皮质的内里填毛的球，但宋人在比赛时所蹴的"鞠"却是由十二瓣加工过的软牛皮缝合而成的充气球。

明末汪云程所著《蹴鞠图谱》中提到"香皮十二，方形地而圆象天"，在几何学中，十二个五边形恰好可以构成一个球体，因此使用这种方法缝制出来的皮球与现代足球比赛中所用的足球已经非常相似了。

这种充气球的内部通常是用牛或猪的膀胱做成的，外部的牛皮经过熟硝处理后，可以很好地保护球芯，而充满气的球芯又会紧贴十二块牛皮，形成一个圆滚滚的皮球。那么宋人要如何给皮球充气呢？

《蹴鞠图谱》中专有一篇《打揎诀》描写了宋人给皮球充气的方法，其中提到给皮球打气这件事，看上去容易，实际却很难，因为要控制好充气的程度。气打得不足或过足，都会影响蹴鞠人的发挥。

这里提到的"揎"是一种小型的皮制鼓风机，主要用于冶炼铁器。宋人充分运用发散思维，将它拿来给皮球充气。

除了"专业足球"外，宋人还发明了专门用来踢球的球鞋。这种球鞋的鞋面为牛皮材质，并涂有桐油防水，在鞋的底部还有一些向外突出的圆头铁钉，可以增加跑步时的抓地力。虽然这种球鞋看上去有些像我们现在的防雨鞋，但在功能上其与我们现在的足球鞋已经相差无几了。

有需求就有市场，宋人如此痴迷足球运动，对足球设备的需求自然不小，这种需求也催生了不少专业的"足球用品店"。在汴梁城的勾栏瓦市中，除了能够看到各式各样的足球表演，还可以找到许多专卖足球的店铺。不同店铺所出售的足球在形态上会颇有不同，每家店铺都会竭力向客人推荐自己家出售的足球，这像极了现代运动装备卖场中的景象。

除了足球，足球架也是宋人经常会用到的设备，当时的足球架与现在的球门功能类似，但在形态上却完全不同。这种球架会架设在球场正中央，由两根三丈二尺的竹棍或木柱支撑，木柱底端相距九尺五寸，顶端以网线连结，网的中间部分留有一个圆形球门洞，被称为"风流眼"。只有将球射入"风流眼"中，才能

得分，这可比将球射入球门中要困难许多。

足球运动的风靡

宋人对足球的狂热爱好在当时掀起了一股全民运动风尚，上到帝王贵胄，下到普通百姓，都将踢足球当作首选的体育娱乐项目。宋代诗人陆游就是一名足球爱好者，年轻时经常奔跑在赛场之上，上了年纪后也会经常在球场边为其他选手们摇旗呐喊。

他曾多次将这项运动写入诗中，《春晚感事》中的"寒食梁州十万家，蹴鞠秋千尚豪华"，写到了踢足球已经成为宋人在寒食节中的必备娱乐项目；《残春》中的"乡村年少那知此，处处喧呼蹴鞠场"则描绘了乡村少年踢足球的热闹场景。

宋代画家苏汉臣所绘《长春百子图卷》就出现了"孩童蹴鞠"的场景：一个孩童用脚颠着一个由赤、青、蓝、赭等不同颜色皮革制成的皮球，其余三个孩子则聚精会神地盯着皮球，似乎想要趁机上去抢夺。可见，当时的孩童也是很喜欢踢足球这项运动的。

宋朝足球运动的风靡，与皇室成员积极参与是密不可分的，宋朝的一些皇帝和高官虽然打仗不怎么行，但踢足球却是一个比一个强。

小说《水浒传》中，高俅正是依靠自己出色的球技征服了当时的端王，一路被提拔成了太尉。在高俅之前，宋太宗时期有位叫张明的踢球高手，虽然出身低微，但因为陪皇帝踢球陪得好，也被一路提拔成了右羽林军大将军。

在宋朝，足球俨然成为一项重要的职业技能，宋真宗时期，一位名叫柳三的进士因为能让足球在头、肩和背上来回旋转而不落地，而得到了当朝宰相丁谓的认可，被丁谓收为门客。

这些足球高手之所以能够得到赏识，是因为赏识他们的人也是一位狂热的足球爱好者，上面提到的宰相丁谓如此，端王赵佶更是如此。

赵佶当上皇帝后，也常常组织规模宏大的足球比赛。皇帝所组织的这种足球比赛，球场上的竞争看上去确实激烈，但还是表演成分更多一些。

事实上，宋朝的大多数足球赛都更注重技巧表演，而较少有身体对抗的场景出现。说宋人是在变着花样"踢假球"是一点也不为过的。

大宋高尔夫，
轻松自在又消闲

"坚圆净滑一星流，月杖争敲未拟休。无滞碍时从拨弄，有遮栏处任钩留。不辞宛转长随手，却恐相将不到头。毕竟入门应始了，愿君争取最前筹。"这首诗出自唐代才女鱼玄机之手，诗的内容是在描绘一项体育运动，这项运动就是打毬。

打毬是一种两队对垒的对抗性球类运动，有些人说它有蹴鞠的雏形，但就目前的考证来看，它其实更像是高尔夫球，因为打毬在经过宋代的发扬之后，几乎形成了和高尔夫一样的比赛方式和比赛规则。

宋朝的高尔夫球名为"捶丸"，捶是用棍棒敲打的意思，丸就是球，"捶丸"顾名思义便是球类击打运动。

捶丸最初的规则是，选定一个场地，在场地两遍各挖出几个小洞，比赛双方分成队伍，身着能够辨认的衣服争抢一个小球，目的是通过击打将小球打进对方的洞中。

这个运动的来历其实就是"打毬"。唐代从王公贵族到平民百姓无不热衷于此，然而打毬需要马匹，越是规格高的比赛，越是需要精良的马匹，因而只有在承平日久的大唐盛世才能够得到普及，唐末五代时国家陷入崩溃状态，人民颠沛流离，打毬这项运动也就日益湮没了。

然而，人们对于娱乐的追求是不会停歇的，找不到马匹，那就干脆下马步行，找不到精良的场地，那就干脆改变规则，于是，打毬就逐渐简化成了步下体育运动，而又进一步演化成了捶丸。只不过随着战火席卷中原大地，到五代中后期，人们连找一块土地，安安静静玩一玩捶丸也实现不了了。

另据《挥麈后录》记载，后蜀皇帝孟昶入蜀时看到成都人执杆捶丸，不知道这是在做什么。孟昶是河东太原人，生于五代后唐时期，他一个中原人连捶丸是什么都不知道，可见当时战祸之烈、中原人民之苦。只有川蜀地区因为远离战火，让人们能够在社会安定多少享受一些盛世之乐。

随着宋统一中原，战火逐渐远去，娱乐活动便再一次焕发生命力。宋朝百姓重新拿起球杆、走上球场，捶丸也日益成为宋朝人的心头爱，甚至一度挑战蹴鞠的"国球"地位。

不过，较之于尚武的唐及五代，宋朝风气崇文，宋朝人骨子里更喜欢文雅，而捶丸动辄挤撞拼抢的场面，便有些让人难以接受了，至于不小心挥动球杆击中他人，更是宋朝人极力避免的，于是久而久之，捶丸的游戏规则便发生了改变。

宋初时，捶丸还类似于马球，要双方争抢。到宋中期，捶丸就变成了依次击球比赛谁击球更准的运动，这就更类似于今天的高尔夫球了。

宋　佚名　《蕉荫击球图》　童子玩捶丸游戏

　　捶丸的激烈程度降低了，但却因此变得更加普及，之前女子上场拼抢颇不雅观，现在则没有这种烦恼，因此捶丸一时成为宋朝女子的心头之好。

　　宋人《东轩笔录》记载，县令钟离君出嫁女儿的时候，买了一个婢女陪嫁。一天，婢女手执箕帚在堂前扫地，久久注视着地下凹陷处，潸然泪下，哭着说"我小时候，父亲挖这样的地穴为球窝，教我击球的游戏"。钟离君听完，仔细询问这个姑娘的来历，才知道眼前这个婢女是前任县令的女儿。

"幼时我父于此，穴地为球窝，导我戏剧，岁久矣，两窍处未改也。"亲人在家中教导捶丸的场景历历在目，回想自己当年还是未出阁的姑娘，此时睹物思人，怎能不有所感慨，由此可见捶丸在宋朝的普及程度。

捶丸之普及，不仅仅是宋朝，甚至还扩散到了更远的地方。据史料记载，金章宗完颜璟就是一个捶丸的爱好者，而且还颇通此道。只不过帝王打球自然有他的讲究，《丸经》记载："宋徽宗、金章宗皆爱捶丸，盛以锦囊，击以彩棒，碾玉缀顶，饰金缘边。深求古人之遗制而益致其精也。"

用精美的精囊做容器，用精制的彩棒做球杆，把玉石碾碎镶嵌在球杆顶部，把金箔镶嵌在棒子的四边……如此奢华的运动装备，自然是普通人难以企及的，只不过在如此奢华的装备下，捶丸最原始的强身健体的功能被弱化了。而宋金两朝，也在这追本逐末的奢华排场中，走到了各自的历史尽头。

撸猫养狗？宋代人的
爱宠可不止这些

  我国古人饲养宠物的历史非常久远。在宋代以前，只有那些高官贵妇养得起宠物，而到了宋代，养玩宠物的现象开始在民间传播开来，越来越多的人拥有了自己的宠物。

  宋人饲养宠物多是为了赏玩，但与现代人普遍偏好"撸猫养狗"不同，宋人饲养的宠物种类非常丰富，猫与狗只是当时较为常见的两种宠物而已。

  宋人所养之猫，分为能捕鼠与不能捕鼠两种，能捕鼠的猫常用来看家护院，不能捕鼠的猫则用来把玩欣赏。在诸多观赏猫中，狮猫是观赏性最强，也最受宋人喜欢的一种猫。

  宋人吴自牧在自己的笔记《梦粱录》中介绍这种狮猫时写道："猫，都人畜之捕鼠。有长毛，白黄色者称曰'狮猫'，不能捕鼠，以为美观，多府第贵官诸司人畜之，特见贵爱。"由此可见，这种白色、长毛的狮猫确实是不能捕鼠的，但因为其外观颇为好看，所以多受高官贵胄人家喜爱，作为宠物猫来饲养。

这种不能捕鼠的名贵观赏猫有人养，那些能够捕鼠的宠物猫同样也有人养。深受鼠患困扰的陆游就通过饲养宠物猫，解决了书房书卷经常被老鼠啃咬的问题。为了表扬自己饲养的宠物猫，陆游还专门写了首诗：

服役无人自炷香，狸奴乃肯伴禅房。
书眠共藉床敷暖，夜坐同闻漏鼓长。
贾勇遂能空鼠穴，策勋何止履胡肠。
鱼餐虽薄真无愧，不向花间捕蝶忙。

与宠物猫一样，在宋代，民间养狗也已经极为常见。宋人养狗，更多还是看门护院，用来观赏的并不多见。当然，也有不少人是出于喜爱，而饲养宠物狗的。

洪迈在自己的文言志怪集《夷坚志》中提到，宋人员琦曾养了一只白足黑身的宠物狗，他将其命名为"银蹄"。这只小狗甚是可爱，主人要它作揖，它便作揖，要它趴在地上，它便趴在地上，但遗憾的是，这只可爱的小狗有一天突然走失了。员琦为了寻找"银蹄"，在满城张贴了寻狗启事，最终经过一番曲折奇遇才寻回爱犬。

可以看出，员琦已经将自己饲养的宠物犬当成了家人，而并

非看门护院或狩猎的畜生。相比于员琦，江州德安的陈昉对宠物犬的喜爱更甚，他在家中饲养了一百多条狗，而且还将这些宠物狗训练得非常规矩。

养宠物的风气在宋朝时已经颇为流行，宋代的许多都城中都出现了专门的宠物市场，开封府的大相国寺每月会开放五次宠物交易，猫狗算是这里颇受欢迎的宠物，其他还有许多飞禽走兽，也颇受宋人欢迎。

鸟类是宋代文人雅士比较喜爱的宠物，那些气质高雅，讲求精神追求的文人，偏爱饲养鹤、鹭一类的禽鸟，他们认为这一类禽鸟高逸清远，比较符合自己的修养与气质。与鹤与鹭排在同一层次的还有孔雀、鹦鹉和白鹇，它们也被认为是高雅意趣的象征。

有人饲养飞禽，也有人畜养走兽，较为独特的例子是：有的人喜欢养鼠，畜养数十只小鼠，与自己同饮同食；也有的人喜欢养虎，十数只老虎豢养于私宅之中，无人敢去叨扰。相对来说，宋人饲养小型宠物者居多，而饲养马、虎、象等大型动物的却并不多。

鱼龟也是宋代宠物市场中的"抢手货"。北宋初年，绿毛龟是稀有品种，属于皇家专属祥瑞之物，一只品相优质的绿毛龟，可以卖数十千钱。但到了北宋中后期，这种绿毛龟已经演变成为较为常见的宠物，到南宋时，"金龟""白龟""玳瑁龟"，越来越多的龟类出现在市场中，在一些地区，甚至还出现了专门出售"异样龟""异样鱼"的店铺。

为了更好地迎合宋人饲养宠物的爱好，一些商贩在贩卖宠物的同时，还会连带着出售一些供宠物吃、住的商品。较为常见的是各类猫食、狗食、鱼食，还有一些宠物用具如鸟笼、促织盆、鹰牌额、鹁鸽铃等。

在一些时候，售卖宠物食品和宠物用具要比单纯售卖宠物赚得更多，在这之外，一些商贩还探索出了围绕宠物的新营生，他们可以为那些没时间驯养宠物的人提供宠物驯养服务，有的商贩则选择先将宠物驯服后再高价出售。

当然，相比于直接购买商贩驯养过的宠物，宋人更喜欢自主驯养宠物，在经年累月的驯养过程中，人们会不断总结宠物驯养的方法与技巧，其与宠物之间的感情也会逐渐累积。真正成功的驯养方法需要建立在宠物自身的生存环境和喜好习性上，那些所谓的独特方法在某些时候会起到一定的驯养效果，但想要真正成功驯养宠物，还需要宠物主人多付出时间和耐心才行。

宋代经济社会的发展给人们提供了更好的物质生活条件，在满足了基本的物质生活后，人们开始从各种地方寻求精神上的愉悦。饲养宠物这项活动虽然本身并不具有娱乐性，但在与宠物相处的过程中，人们在精神上的需求会被逐渐满足，娱乐性便也逐渐被发掘出来。

对于宋代普通百姓来说，饲养宠物的实用性要高于娱乐性，而对于那些文人雅士或高官贵胄来说，饲养宠物的娱乐性显然要更高一些。

附录1 宋朝纪元表

中国历代纪元	谥号/庙号（姓名）	生卒年	在位时间	在位时长（年）	评价高的时期	重要事件
北宋（960~1127）	宋太祖（赵匡胤）	927~976	建隆（960~963）、乾德（963~968）、开宝（968~976）	19		陈桥兵变、杯酒释兵权
	宋太宗（赵炅，本名赵匡义，又名赵光义）	939~997	976年即位，太平兴国（976~984）、雍熙（984~987）、端拱（988~989）、淳化（990~994）、至道（995~997）	23		灭北汉，结束五代十国分裂局面
	宋真宗（赵恒）	968~1022	997年即位，咸平（998~1003）、景德（1004~1007）、大中祥符（1008~1016）、天禧（1017~1021）、乾兴（1022）	25	咸平之治	澶渊之盟
	宋仁宗（赵祯）	1010~1063	1022年即位，天圣（1023~1032）、明道（1032~1033）、景祐（1034~1038）、宝元（1038~1040）、康定（1040~1041）、庆历（1041~1048）、皇祐（1049~1054）、至和（1054~1056）、嘉祐（1056~1063）	47	宗盛治	庆历新政
	宋英宗（赵曙）	1032~1067	治平（1064~1067）	4		命司马光编修《资治通鉴》

续表

中国历代纪元	谥号/庙号（姓名）	生卒年	在位时间	在位时长(年)	评价高的时期	重要事件
北宋（960~1127）	宋神宗（赵顼）	1048~1085	1067年即位，熙宁（1068~1077）、元丰（1078~1085）	18	熙宁变法	熙河开边
	宋哲宗（赵煦）	1077~1100	1085年即位，元祐（1086~1094）、绍圣（1094~1098）、元符（1098~1100）	17		元祐更化、绍圣绍述、两败西夏
	宋徽宗（赵佶）	1082~1135	1100年即位，建中靖国（1101）、崇宁（1102~1106）、大观（1107~1110）、政和（1111~1118）、重和（1118~1119）、宣和（1119~1125）	27		创书法字体"瘦金体"
	宋钦宗（赵桓）	1100~1156	1125年即位，靖康（1126~1127）	2		靖康之变
南宋（1127~1279）	宋高宗（赵构）	1107~1187	建炎（1127~1130）、绍兴（1131~1162）	36		
	宋孝宗（赵昚）	1127~1194	1162年即位，隆兴（1163~1164）、乾道（1165~1173）、淳熙（1174~1189）	27	乾淳之治	平反岳飞冤案
	宋光宗（赵惇）	1147~1200	1189年即位，绍熙（1190~1194）	5		
	宋宁宗（赵扩）	1168~1224	1194年即位，庆元（1195~1201）、嘉泰（1201~1204）、开禧（1205~1207）、嘉定（1208~1224）	30		

续表

中国历代纪元	谥号/庙号（姓名）	生卒年	在位时间	在位时长（年）	评价高的时期	重要事件
南宋 （1127~1279）	宋理宗（赵昀）	1205~1264	1224年即位，宝庆（1225~1227），绍定（1228~1233），端平（1234~1236），嘉熙（1237~1240），淳祐（1241~1252），宝祐（1253~1258），开庆（1259），景定（1260~1264）	40	端平更化	联蒙灭金
	宋度宗（赵禥）	1240~1274	1264年即位，咸淳（1265~1274）	10		
	宋恭帝（赵㬎）	1271~1323	1274年即位，德祐（1275~1276）	2		
	宋端宗（赵昰）	1269~1278	1276年即位，景炎（1276~1278）	3		
	宋帝昺（赵昺）	1272~1279	1278年即位，祥兴（1278~1279）	2		

附录2　宋朝科技文化成就一览

衣

褙子（又名背子、绰子、绣裾），始予隋朝，流行于宋朝。褙子直领对襟，两腋开叉，多罩在其他衣服外穿着。

妇女花冠起源于唐代，盛行于宋代。宋代花冠，系用罗帛仿照真花作成。宋人尚高髻，向上直耸高及三尺，以至朝廷在皇祐中不得不用法律禁止。原因是当时花冠多仿拟真花。宋代尚牡丹、芍药，据《洛阳花木记》记载，由于栽培得法，花朵重台有高及二尺的，称"重楼子"。宋人作《花石仕女图》中所见，应即重楼子花冠。宋代遇喜庆大典、佳节良辰，帝王出行，公卿百官骑从卫士无不簪花。

住

《木经》，北宋建筑名匠喻皓所著，这是我国历史上第一部木结构建筑手册。本书对建筑物各个部分的规格和各构件之间的比例作了详细、具体的规定，沿用后世。

喻皓出生于杭州，他设计的最杰出的建筑是北宋国都汴梁（今河南省开封市）安远门内开宝寺塔。他有造塔鲁班之称。

行

指南针的制造技术在《梦溪笔谈》中最早提出，有了指南针，远洋航行才成为可能。

工

商标：据载北宋济南有家刘氏钢针店铺，该店铺产的钢针质优价廉，在当地颇负盛名，店主为了使生意能够持续红火，别出心裁地制了一种"白兔儿"铜板，铜板上有画也有字，铜板呈方形，中间绘有白兔捣药图。画两侧书有店名"济南刘家针铺"以及宣传语"认门前白兔儿为记"这是中国历史上最早的专用商标。宋朝人在各个行业都有名牌商标，如制墨业有名震一时的"潘谷墨"。

水密舱壁：宋代的战船已普遍采用水密舱壁技术，可以保护船只，免得进水而沉没，至今仍是船舶设计中重要的结构形式。南海一号的发现，证明了中国是最早发明这项技术的国家。

复闸形式的运河船闸：984年，淮南转运使乔维岳负责治理淮河，他创建的二斗门，是复闸形式的运河船闸，从而提高了河运能力。

交子是世界最早使用的纸币，发行于北宋1023年的成都。

毕昇发明活字印刷术，他创造发明的胶泥活字、木活字排版，是中国印刷术发展中的一个根本性的改革，是对中国劳动人民长期实践经验的科学总结，对中国和世界各国的文化交流作出伟大贡献。

钻探深井技术：卓筒井是直立粗大的竹筒以吸卤的盐井，发明于北宋庆历年间（1041—1048），比西方早800多年，其口径仅有竹筒大小，然而能打井深达数十丈，被称为中国古代第五大发明。

火枪：最早发源、改进于中国，传承于阿拉伯世界，发扬光大于欧洲。世界上已知最早的火枪是宋朝的竹制枪管的突火枪，在明朝焦玉所著的《火龙经》中就有记载。13世纪元朝出现了铁制枪管与最早的手枪（手铳、手炮）。

算盘：北宋著名画家张择端的《清明上河图》中画有一算盘，可见早在北宋我国就已普遍使用算盘这一计算工具了。珠算的正式出现并推广应用是在宋元时期。

霹雳炮：使人类战争史进入热兵器时代。炮身由铁铸造，射出生铁铸造的球形爆炸炮弹，1126年，金人围攻汴京，李纲在守城时曾用霹雳炮击退金兵，夜发霹雳炮以击贼，军皆惊呼。

地雷：应用于1277年宋人与蒙古人的战争中，宋军使用埋设于地面的"火药炮"（即铁壳地雷），后来在元朝进一步发展。

学

象棋：宋代开始定型，除了因火药的发明增加了"炮"之外，还增加了"士""象"。宋代《事林广记》里记载着中国目前所能看到的最早的象棋谱。

沈括发现了地磁偏角的存在。

沈括举荐北宋天文学家和数学家卫朴，两人一起运用古代宇宙学假设，描绘行星运行轨道的变更，包括逆行。在卫朴的协助下，沈括连续每晚三次记录和测绘月亮的运行轨迹，从而修正了关于月亮运行的误差，这也是他的另一项重要成就。

苏颂于1070年完成了一本药物学著作——《本草图经》，其中涵盖了相关的学科的知识，如植物学、动物学、冶金学和矿物学。该论著包括很多药物应用，如麻黄等。他还是五幅不同的大型星图的作者，他在地图学的大量测绘记录工作解决了宋朝和邻国契丹自辽朝以来一直悬而未决的边界问题。

苏颂最大的成就是创制水运仪象台，其上层是机械驱动的浑天仪（天体测量之用），中层是浑象仪（天体运行演示），下层是司辰（自动报时器），1088年在当时的首都开封开始动工，1092年竣工。苏颂的水运仪象台在钟摆机械的运用上虽然晚了欧洲安提基特拉机械十三个世纪。但苏颂的水运仪象台却是目前已知的世界上最早的"不中断"链条传送动力的装备，最早的传送机械动力链条由古希腊哲学家费罗于公元前3世纪所发明，在1092年他的著作《新仪象法要》中描述了设计要点。

北宋画家张择端的作品《清明上河图》（1101）堪称世界上规模最大的古风俗画。画中由814人，牲畜83只，船只29艘，房屋楼宇30多栋，车13辆，轿14顶，桥17座，树木约180棵。

1207年，北宋针灸学家王惟一在总结多年行医经验以及参考各家医学说法的基础上，编著了一部《新铸铜人腧穴针灸图经》，书中详细讲述了手足三阴三阳经脉、督、任二脉的循行路线和腧穴，并且附有经脉腧穴图，对各穴位的具体部位予以订正。第二年，王惟一结合书中所录，铸造了2座世界上最早的立体针灸模型——针灸铜人。

256

后 记

　　"东风不与周郎便，铜雀春深锁二乔。"杜牧调侃赤壁之战，表达物是人非的沧桑。那现在的人调侃历史是因为什么？

　　《步步惊心》有一个耐人寻味的情节：穿越到清朝的女主在给八阿哥出主意时，让他留心四阿哥胤禛府上的邬思道，因为此人为四阿哥最终登上宝座的关键法宝，这显然是女主受历史剧《雍正王朝》影响的缘故。

　　把虚构的历史当真实，乃至把错误的历史看成真相，似乎是一种常见的现象，历史成了任人打扮的小姑娘。很多人尤其青少年容易被自己喜欢的历史剧、历史读物误导：穿越剧流行的时候，有的孩子甚至认为车祸等事故真能制造"穿越"机会；写后宫戏的网文总在写，"穿越"过去后即便不是公主贵族，也会过着白富美或高富帅的生活……

　　喜欢"穿越"的读者，应该渴望看到不一样的风景，领略不一样的文化，体验不一样的人生。可惜在绝大多数的"穿越"剧中，这类体验都被简化为经不起历史验证的服装道具化妆等背景；而在大部分类似的网文小说中，这类体验都被统一为杜撰历史的意淫故事。

　　有鉴于此，我想通过策划一套专门的丛书来纠纠这样的风气。但讲述真实尤其是普通人的历史会有人关心吗？毕竟《三国演义》的知名度和热销度都远胜于《三国志》。做既真实又能吸引读者的历史读物，要从什么角度入手呢？从本科到博士的专业背景以及多年从事文史书籍出版的工作经验都让我在不断思考：曾经灿烂辉煌的中华文明到底是什么样子？那些惊艳了千百年的历史文物能告诉我们吗？为什么我们现在需要而且能够拥有文化自信？

对每个中国读者而言，从诗经楚辞汉赋、唐诗宋词元曲、明清小说小品文中，一定感受到了历史的生命诗意；从老庄道学、孔孟儒学、魏晋玄学、隋唐佛学、宋明理学中，一定理解到了历史的思想智慧。或许还远不止于此，还有闻名遐迩的四大发明，浩如烟海的二十五史……而那些真实存在过、教科书却来不及讲述，如珍珠般遗失散落于典籍史海的古人日常生活，往往被弃之不顾或视而不见，但实际上正是这些珍珠串起了中华民族绚烂璀璨的日常生活文明史。

从日常生活的角度切入中国古代历史，这是本丛书选择的角度，也是体现普通人的历史视角。

不论时代如何变化，人们的日常生活无非是：衣、食、住、行、工（作）、学（习）、礼（仪）、（娱）乐，丛书即从这八个方面着手展开。概括一点来说，历史上古人的穿衣吃饭居住出行，展示的是不断进步的科技文明。当然工学礼乐也会跟科技相关，如医学工作的逐步细分体现了技术的不断进步，礼仪增加的仪式可能跟天文历法的新发现有关，娱乐活动的不断丰富是由新发明带动的。而它们更多地反映了延续千年的文化文明，虽然各朝代会有所区别，但更具有共性，中华民族正是依靠强大的文化惯性自强不息。

归纳起来，一部中国古代日常生活史，也是一部中华民族的古代科技文化史。

而这样的历史，在中小学生的课本里边，由于篇幅有限是无法展开描述的；即便走入大学阶段，如果不是专门学习历史专业，也难以接触到。因此我们把丛书定为："课本来不及告诉你的古代史"。

当然，相对于琐碎的日常生活，衣食住行工学礼乐还不足以概括全部，因此在具体组稿中，我们对内容进行了相近归类，例如把化妆归类到衣饰类，把一些特殊技艺归类到工作类。

丛书根据隋唐、两宋、元、明、清等历史时段，分五卷来呈现中国古代千余年的科技文化史。我们可以从"九天阊阖开宫殿，万国衣冠拜冕琉"领略盛唐气象，体验隋唐人的灿烂时光；从"烟柳画桥，风帘翠幕，参差十万人家……市列珠玑，户盈罗绮，竞豪奢"想象大宋风华，感受宋朝人的风雅岁月；从"定乾坤万国来降。谷丰登，民安乐，鼓腹讴唱"慨叹大元一统，体会元朝人的别样年华；从"三代八朝之古董，蛮夷闽貊之珍异，皆集焉……凡胭脂簪珥、牙尺剪刀，以至经典木鱼、伢儿嬉具之类，无不集"观看大明王朝之丰茂，走进明朝人的情调生活；从"座上珠玑昭日月，堂前黼黻焕烟霞"一窥大清朝的盛世韶华——虽是强弩之末却也集锦绣之最——一探清朝人的精致世界。

需要说明的是，在漫漫历史长河中，每个朝代都经历了兴衰荣辱。暂且把"衰"与"辱"留给史学家们去深沉思索，在这里，让我们感受每个王朝大一统后的繁华岁月，毕竟这些岁月里处处闪烁着科技文化之光，埋藏着我们至今仍引以为傲的宝贵财富。

为了准确和较为全面地呈现这段科技文化历史，我们延请的作者都是上述朝代历史的深耕细作者，也是历史文化普及者，尤其是考古专业出身的李云河老师等。他们通过一手发掘、鲜为人知的文物考古资料，别开生面地呈现那时那地那景，带你走进一个看似熟悉却又陌生的古代世界。丛书主编徐德亮先生，近些年一直身体力行进行传统文化的普及工作，以北大中文古典文献专业出身的深厚功底，对该书的内容进行了统筹和校正。另外，中国人民大学历史学院魏坚教授等老师，于柏川、杨宁波、武彤、兰博、曾天华等五位博士为本丛书内容的审定提供了专业帮助。特别感谢科技史专家戴吾三先生拨冗全力细心修订各卷"科技文化成就"部分，还有中央民族大学付爱民等老师、特邀编辑朱露茜等也为本丛书的出版做出了贡献。在此一并感谢！

我带领编辑团队成员——胡明、张强反复打磨稿件：为了确保稿件的原创性，我们采用最权威的论文查重系统对稿件进行检测；为统一讲故事的风格，针对五六位不同作者的差异表达，我们先后统稿三次；为了匹配与内容对应的精美插图，我们对图片进行了精挑细选；为了一个章节名，为了一句话的严谨表达……我们精益求精，前后用了一年多的时间完善策划、打磨稿件，只为了给读者带来非凡的视觉审美享受。为了加深读者对古人日常生活的体验感，我们还特地与西瓜视频的up主合作，在有的内容篇章加入短视频，增进身临其境之感。

除此之外，为了增进青少年对历史知识尤其是我国古代科技文化成就的了解，增强文化自信，我们在每卷后附加了两个材料：一是每个朝代纪元表，包括帝王名讳、生卒年、年号、主要历史贡献等；二是每个朝代的科技文化成就集锦以及向国外的传播史。希望青少年以此为基点，燃起科技与文化强国的兴趣和雄心！

从策划者的角度出发，我希望这套丛书不只是青少年会喜欢，父母和孩子也可以体验亲子阅读，共同感受我国科技文化之强之美。

习近平总书记在党的十九大报告中指出："文化是一个国家、一个民族的灵魂。文化兴国运兴，文化强民族强。没有高度的文化自信，没有文化的繁荣兴盛，就没有中华民族伟大复兴。"

"吴宫花草埋幽径，晋代衣冠成古丘。"虽然唐宗宋祖、一代天骄的风流已被风吹雨打去，支撑帝王将相丰功伟业的无数民众业已湮没无闻，但是他们创造的历史文化，发明的科技神奇，却深深地融入了中华现代文明的血脉，化作我们继续前行的动力，生生不息！

策划人：李满意

2021年6月1日